Time Travel
玩轉時空旅遊團

★★★★★

穿越古代中國

36 個

保命法則

~welcome~

馮浩恩—— 著

目 錄

CONTENTS

穿越歷史
長河

上歷史課時，許多人都有一些奇怪的想法：如果我身在歷史現場，究竟我會怎樣做呢？

這的確是有趣的話題。

任何人都可以用天馬行空的想法，創作成不同形式的穿越歷史劇。你可以隨時由現代走到秦朝，一起尋秦；可以從明代來到二十一世紀，當一個跨時代男臣；又可以返回清朝尋找海盜，結識張保仔；甚至可以穿梭不同的歷史場景，拜訪不同時代的歷史人物。

只要有創意，任何時空交錯都可以編在一起，把穿越發揮得淋漓盡致，將一幕又一幕的歷史片段，活現在讀者與觀眾面前。

當然，這是錯誤的。

穿越，不是講創意，而是要求真。如果你沒有弄清楚歷史背景，未能掌握當時的社會面貌，也不知道歷史發展的軌跡，穿越就成不了歷史劇，充其量，只是搞笑娛樂的消遣劇，所以，大部分的穿越劇都離不開搞笑的元素，只是巧妙地借用了歷史的場景而已。

在穿越之前，對歷史要有一定的認識，要搜集相關的資料，不能空槍上陣。試想想：如果我們要返回古代，當時的衣食住行是怎樣的呢？如果連基本生活資料也欠奉，穿越便沒有意思了。難

道只是輕描淡寫地說說歷史背景，還是胡亂堆砌，不加思索，順口開河？

　　我認為，穿越是可以了解歷史、認識歷史。

　　教科書只有一些歷史的基本資料，不能為穿越作準備。那麼，要了解中國古代的生活小知識，應該要怎樣做呢？

　　最簡單的方法，就是參加「玩轉時空旅遊團」。每個旅遊團都由馮浩恩總裁隨團出發，帶參加者走訪不同的歷史場景，跳入有趣的歷史畫面，穿梭各個朝代的生活圈子。旅遊團籌劃了很多路線，可分為 8 大類、共 36 個場景，參加者可以一口氣跳入不同的歷史時空，也可以慢慢探索自己有興趣的歷史片段。

　　「玩轉時空旅遊團」行程豐富，帶隊總裁知識淵博，所提到的歷史資料翔實，簡直就是歷史生活小百科的流動資料冊，並不是一般的歷史文化交流團可以媲美的。

　　我剛完成了 36 個行程，親身體會到歷史的趣味。你也不要遲疑，馬上動身起程吧！

徐振邦

序言

　　穿越就像到異地旅遊，當諸位參加各種各樣的「穿越古代」的旅行路段時，應該選擇一間嚴守原則、熟悉歷史的旅遊公司。玩轉時空旅遊團是最早安全及成功穿越古代中國的旅行社，主打華夏文化人文知性及獵奇探究的專業精品遊。本社恪守不打擾歷史進程及可持續發展原則，不過份介入當地人生活，同時不設指定購物點，自由時間充裕。歡迎各位中國歷史愛好者自行組團。

　　此外，本社作為一間本地企業，認同「左右逢源、夾縫生存」的超實用主義，也期望在穿越市場上打開深度遊的缺口。因此除了享樂、觀光或購物消費的常規行程，本社也舉辦非主流行程、暗黑旅遊、重口味項目及超自然探索之旅，可供大家選擇。本社期望百貨能遇上好客，把徒步驢友、博物館愛好者及書局顧客都一一吸引過來，勉強也算是「死馬當活馬醫」的一種港式靈活變通之法。

　　再說一個故事：史書記載西漢末年四川小官任文公行為古怪。在炎夏之時，文公居然強迫家人每天揹著百斤重的家當及食物，在居所附近越野來回奔跑，當地居民都譏笑他們：「傻的嗎？」不久王莽果然篡位，寇盜四起，無數人受災，只有文公一家揹上行李成功逃難，存活於亂世。皆因文公認為當時官迫民反，大亂只是時間問題。大家都覺得文公是生神仙，實際上他只憑理性分析、未雨綢繆

而已。

　　古語（好像）有云：「你一定要非常努力，看起來才毫不費力。」因此，所謂保命法則，即是指踏上時光機前需要周詳計劃，穿越後對行程亦步亦趨，避開可預視的危險。

　　或者閣下以為，穿越就是去桃花源，可惜變成劉姥姥入了大觀園；穿越還是會遇上海嘯、打雷、大爆炸；日間歡迎閣下的有乞兒、騙子、變態佬，晚上卻會撞上鬼魅、妖怪、獸形人。你以為可以跟貞觀之治主角唐太宗瘋狂「打咭」，結果時光機卻誤把你送去唐僖宗時期，慘被黃巢的大軍製成人肉包子。因此穿越一定要仔細規劃、安全至上。

　　反過來說，穿越古代可能也是多一條後路，可以避開未來某些難以控制的因素。本書定位在遊記與指南之間，給諸位提供更多穿越選擇，以另一個角度去欣賞中國歷史的美。

　　最後，這裡借用施耐庵先生寫在《水滸傳》的序作結：「嗚呼哀哉！吾生有涯，吾嗚呼知後人之讀吾書者謂何？但取今日以示吾友，吾友讀之而樂，斯亦足耳。」諸位朋友，生命有限，有緣相聚，以書會友，圍爐暢讀，快意滿足。因此在這裡感謝好友 Joseph、Queenie、Thomas 對穿越團的寶貴意見。

　　大家準備好未？

玩轉時空旅遊團總裁
馮浩恩
2020 年 5 月 19 日中國旅遊日

索引

朝代社會有特色

延伸閱讀長知識

送禮自用好得戚

歡迎參加
玩轉時空
旅遊團

穿越前注意事項：

I. 最新黑洞重力波

玩轉時空旅遊團的時光機採用最新的黑洞重力波控制技術，令旅程更舒適、更穩定，更準確地到達相關時空，不會錯送閣下到羅馬帝國或法老埃及當奴隸；亦不會令閣下成為雅典大瘟疫或歐洲黑死病的感染者，保證閣下只在大中華的歷史時空內穿梭。

同時，黑洞重力波控制技術能嚴格遵守大歷史的發展進程，對過去發生的事情近乎零干預，不會影響靖康之難或揚州十日大逃殺的出現；不會改變梁太祖（852-912）或明太祖（1328-1398）分裂或統一中原的歷史現實。當然絕對、絕對、絕對不會打擾閣下氏族的遷徙歷史，不會破壞閣下曾祖父母的婚姻，甚至閣下的出生機會。

II. 私人用途不可取

玩轉時空旅遊團乃持牌合法穿越旅行社，所以先此聲明：時光機及相關穿越技術只作旅遊觀光等既定用途，嚴禁諸位以時光機作個人穿越用途，比如找上閣下老闆的某位祖先算賬，或者找上晉惠

帝（259-307）瘋狂「打咭」再加以欺凌恥笑一番！這些都是難以接受的舉動，如有發現，本社有權終止有關行程而不作任何賠償。同時必定會上報相關「時空執法部門」處理及追討當中的損失。

再者，本社也把時光機穿越時限調校到距離今天至少一百年以上，一是避免穿越者回到自己已出生的時代；二是預防閣下回到1968年增持幾伙剛落成、時值十萬元左右的美孚新邨單位用作炒賣；三是提防閣下拿著必勝馬匹或六合彩資料走進馬會投注站。這些行為都會徹底擾亂歷史的進程，以至今天的時空現實。（同樣道理，穿越時注意也別帶上這本保命法則，以防古代人民偶爾知道往後時代的實況。）

III. 全新科技保平安

玩轉時空旅遊團內的各項暗黑遊、另類遊以至私人包團等都是獨家精心打造，在市場上別樹一格。一直以來，本社深信閣下的健康及安全是旅程首要關注的事項，因此本社結合經驗及嶄新科技，全面支援每個細節，以全天候監測及支援諸位穿越者。「新一代隱藏式檢測手環」是本社研發的專利產品，能夠主動偵測諸位的狀態（心跳、血壓、氧氣量、卡路里等等），以使作出最快捷、最恰當的回應。

本社各個專業團隊於不同旅程中全面評估風險，為閣下未雨綢繆，分析風險指數，提供解決方案。檢測手環乃附設「簡易緊急回歸按鈕」給諸位穿越者，於危急之時可用量子傳送技術重置到出發時地。

不過「回歸按鈕」運作需時，未能令你當刻躲過天啟年間（1621-1627）的王恭廠神奇大爆炸，未能令閣下馬上逃難於光緒年

間（1875-1908）的黃河決堤大水災。不過「回歸按鈕」倒可以在四野寂寂時發揮作用，協助閣下躲過地下錢莊的追債，幫助逃避汴京青樓那張巨額賬單，只要不打擾大歷史進程，功效還是綽綽有餘。當然這裝置涉及的副作用及額外費用就要穿越者自行負擔。

IV. 最佳時間已安排

本社不同的顧問團隊配合最新全球時地定位系統（TGPS），確定最精確的目的地，務求更清楚掌握相關觀察或玩樂時間，免卻多餘的等待時間。當遇上不確定日子，本社會安排諸位先降落在該年正月十五的大城市，以方便在春節期間掌握最多信息，然後再修正相關行程。至少令諸位在元宵佳節的情況下等待，絕不「站著如嘍囉」。

V. 合適衣服不穿崩

別為穿什麼回到古代中國而煩惱了！本社提供相關朝代男女恰當又舒適的服飾。一般以士人及低級貴族為標準，盡量以低調但不被發現為原則。如自宋代起，不少地區有錢平民可以穿戴下級官員的衣冠，他們免力役，社會上稱為「義官」，與世襲貴族有較接近的社會地位。

再者，有關服飾是給閣下度身訂造、剪裁稱身、毫無破綻，物料則是全新技術製造，非常輕巧舒適，冬暖夏涼。物料的質感與古代材料非常相似，令閣下完美融入歷史的街頭，絕對可以滿足角色扮演的慾望及對細節的堅持。比如明代初期穿衣樸實，普通婦女流行單色短衣長裙款，富貴婦女的則穿半臂對襟款上衣和長裙，貴賤有明顯之分野。當然本社會提供更衣室及儲物櫃供閣下使用。

VI. 其他事項要注意

- 嚴禁自拍及攜帶攝錄器材！

- 如穿越時需配備眼鏡、手杖或其他輔助用具，請先通知本社職員為閣下準備。

- 所有團費已包基本穿越旅遊保險（個別項目除外）。

- 聲明：所有**玩轉時空旅遊團**的參與者，等同宇宙時空的時間觀察者，嚴禁作出任何干擾歷史進程的行為。如果穿越時發生干擾致使有一個或多個平行時空出現，本社會立即中止有關穿越活動，而不作通知及任何賠償。

- 本社已擁有時空穿梭旅遊業議會印花。穿越旅客必須獲得印花收據，方可獲得「時空穿梭旅遊業賠償基金」保障。

- 希望閣下擁有一個愉快及滿足的穿越旅程。本社期望再次為閣下服務。

計劃失當篇

沒有周詳計劃就別想在古代中國旅遊了。本篇乃穿越旅程前的準備功夫，適合各類穿越人士，特別是首次穿越者。

感謝參加本社的穿越古代遊！等我講解一系列的注意守則，望各位玩得安樂又開心！計劃之先，首要是盤點好行李，大家覺得帶什麼好呢？

星級導遊Mr馮

有武器傍身是常識吧！

帶旅遊指南沒煩惱！

我知！帶同伴做擋箭牌！

預備尿壺繳水費~

選定穿越的吉時、地點也很重要，否則碰上古人出遊，城裡勢必比旺角更熱鬧，到時錢包未出血，都被擠到內出血。

之後到蒙古體驗當地民族生活，到大草原親親大自然，順便⋯⋯

執牛屎！

⋯ ⋯ ⋯

盤川不夠，想要現金周轉？古代有當舖、錢莊等弄錢途徑，但還得到先好借！

1 | 盤點物品勿遺漏

在崇禎十三年（1640）跟隨徐霞客最後一次旅程到達雲南麗江，當地土司派人迎接。

明思宗是明代最後一個皇帝，穿越時可避開中原及東北多戰亂地區，而雲南則是相對安定。滿清入關後，這裡仍由南明政權統治，直至順治十五年（1659）。

向一代旅行家徐霞客致敬，欣賞他「大丈夫當朝碧海而暮蒼梧」的心態，表現早上在四海遊歷，晚上休息於蒼梧的豪邁態度。

1. 季夢良整理《徐霞客遊記》
2. 黃汴《天下水陸路程》

1. 眼鏡要到清末才有，諸位還是改用隱形眼鏡。
2. 除元代外，各朝旅行者可帶簡單武器傍身。

可選擇自製或購買旅行藥枕，最簡單的是茶葉枕：做法是把泡過的剩餘茶葉曬乾，再加入薄荷或茉莉花茶放入藥枕便成。具有清熱、解毒、及消暑等功效。

有一種理論叫「莫非定律」，凡是可以出錯的地方，不管可能性有多少，總會出錯。因此穿越前一定要做足功課，目標是要百分百的準確及安全，才可避免一去不回的慘痛後果。本社做足一系列的措施以確保閣下安全，不過諸位貴賓還可以考慮以下的提示：

I. 忠誠同伴有照應

孟子（前 372- 前 289）說過：「獨樂樂，不如與人樂樂；與少樂樂，不若與眾樂樂。」獨自去偷歡似乎是個不錯的選擇，不過路途上有些同伴一同「眾樂樂」也不錯。即使千山我獨行、不必相送的徐霞客（1587-1641），曾經有過不少忠誠同伴，其一是僧人靜聞（?-1637）。靜聞一直想用自己的血抄成的《法華經》送到雲南雞足山悉檀寺。可惜他們在湖廣遊覽時慘遭匪幫搶劫，靜聞兄更被刺多刀。

「靜聞兄，頂住呀！唔好死！」徐霞客傷心地叫著。

「若死，可以骨往！」靜聞淡淡然的說道，見到徐霞客認真地點頭，靜聞安心圓寂了。

徐霞客履行了承諾，同伴的真身不能同行，就帶著他的骨灰前往雞足山安葬，又把血版《法華經》交給當地寺僧。可以說有此良朋，今生無悔。畢竟穿越不是隱形，手機電腦網絡也嚴禁轉移，故找上一位志同道合的同伴互相照顧，非常重要。

II. 旅遊指南不可缺

旅遊書不是現代社會才有的，找上一兩本古代旅遊書，就可有助團友了解目的地的行情。不過，首本廣泛流傳的綜合性旅遊書到明代才出現，是由徽州商人黃汴編輯的《天下水陸路程》。本書雖以通商為目的，但內裡記上所有水陸驛站的地點，亦有物價行情、民宿旅館等資料，極為「接地氣」。

多年後，清代廣東文人林伯桐（1778-1847）的《公車見聞錄》，交流的內容已十分完善，可說是近代中國版的「Lonely Planet」，讀者主要是上京考試的讀書人，內含交通、膳食、投宿各種的「慳錢大法」。同時為避免坑蒙拐騙或樂不思蜀，作者異常窩心，教閣下如何辨別黑車黑店，及避開帶閣下枉花錢的富二代，某些版本更圖文並茂。另一方面，亦有單本定點旅遊的袋裝小書，描摹各地名勝風景，如《西湖志摘粹補遺奚囊便覽》，易於瀏覽便於攜帶，給諸位提早「備課」。

III. 合法武器可以帶

徐霞客多年遊歷中，有三次遇劫，錢財都是身外物，死了一位同伴才是最傷感的，故此回到過去時拿上一些武器自衛都是很

合理的。

隋唐時期對民間私有武器管制並不嚴，到宋代竇儀（914-966）等編的《宋刑統》記載「甲、弩、矛、矟、具裝等，依令私家不合有」，即大型戰具如矛是禁止私造的，閣下無謂拿方天畫戟走上街頭。「弓、箭、刀、楯、短矛者，此上五事，私家聽有。」換句話說，閣下可以在市場上購買或訂造這些小武器，卻不能妄想要一把青龍偃月刀了。

清代屈大均（1630-1696）在《廣東新語》指出：「粤人善鳥槍、山縣民兒生十歲，即授鳥槍一具，教之擊鳥……百步外錢孔可貫。鳥槍以新會所造為精。」事實上，清代時民間可擁有鳥槍，在廣東地區的小孩的槍法更為準繩，當中以新會製的最好。同時在廣東更可以買上葡萄牙或英國的黑市貨，但必須向官府上報辦證明。

IV. 私人虎子不共享

事實證明，無同伴、無旅遊書、無武器都可以勉強穿越，但虎子（尿壺）乃是非帶不可的。試想想穿越後人有三急，不害羞的理應可在道旁的旱廁、茅坑速戰速決，惟安全及衛生成疑。不過在投宿客棧後，內裡乃是沒有專門的廁格，連共享的都沒有。

閣下想到達後才購買？可以。明清時代蘇州的尿壺做得異常考究，實木製造併上青花瓷，有些尿壺外壁還有機關可收藏抽斗或小文具。不過，由於古時沒有抽水馬桶，也無廁紙的，更無現代衛生觀念，就此建議閣下參考古代的富戶出遊，招募一名僮僕帶上一個專屬尿壺且負責清潔，才是穿越的王道。

V. 雜項眾多可選擇

清代士人焦循（1763-1820）在其《理堂日記》中記錄了自己拿

著竹包箱（大約是今天的行李喼）和包袱（大約是今天的背囊），內有以盛帽子的帽盒，以及蠟燭、茶葉和藥物等物品。藥物則是唐代孫思邈（541-682）的《備急千金要方》內的「熟艾、大黃、芒硝、甘草、乾薑、蜀椒」，大多有芳香開竅、除穢殺蟲的作用，記得切勿內服。

除個人衣服及藥品，本社參考明清士人出行的行裝，一併提供筆墨紙硯、酒器、茶盞、藥枕、斧子、雨傘、鋤頭、棋子、摺疊棋盤、油筒等物品給諸位旅客。務求令諸君「唔使上淘寶，唔使去深水埗」。然而古代物資始終沒有今天富裕，行李還是寧多勿缺，如有奇形怪狀的物品需要穿越時帶上，請出發前預先通知本社職員以作安排。

此外，走遍大半個中國、號稱「萬里獨行」的徐霞客，其實路上也有家僕和腳夫跟隨。因此本社會因應不同時地，僱用當地壯丁給閣下作挑夫用，亦會提供少量合適貨幣供閣下使用。

2 | 人山人海要避開

 在萬曆廿三年（1595）跟隨明代士子袁宏道於深夜時遊西湖兼賞月

 萬曆年間（1573-1620）雖有「三大征」，國力開始由盛轉衰，但穿越江淮一帶可見當地文化大盛、經濟富庶的一面。

 1. 盤膝坐於虎丘石台上對坐著而不作聲，達到「天人合一」的至高境界。
2. 漆黑一片的風景，感受文人雅士不會同流合污的自覺。

 袁宏道〈晚遊六橋待月記〉

 帶備簡單照明設備、乾糧、禦寒衣物等。

 ✕ 竹籃、燈盞、藕粉
○ 文房四寶或古籍孤本

明代時，大眾化旅遊已經普及，一些江南著名的景點如西湖、岳王廟，每天都是挨肩並足、「黃金周」一般；一些重要的年度廟會的燒香活動，都會引來極多旅客，場面人山人海，極為震撼。明代文學家譚元春（1586-1637）提過「三患免焉」，三患即「距離遠、遊人多、景色差」，乃避得就避。

I. 計算日子好避潮

當然，農業社會通常只有在節慶時休息，並沒有當今「公眾假期」的習慣。達官貴人一般可以申請 AL（annual leave），富豪皇族更可以隨時上路，故此穿越時還是要避開人頭湧湧的出遊日子。

比如遊江南時就要避開有關觀音大仙的「好日」，如農曆二月十九（觀音誕辰）、六月十九（觀音得道）、九月十九（觀音成仙）等。當然，元宵節、中秋節、端午節等傳統節日，都要循例避一避，否則穿越慘過去旺角便徒然了。

再者，春天及秋天天氣清爽之時更是全世界出遊的好時機，閣下也得一避。根據《江寧縣志》記錄，明末春天到南京雨花台的遊客，估計高達一天兩萬人的人流，別忘記那是沒有航機、高鐵的年代。故此這些季節還是選擇較少人的景點為善。

II. 選對地點醒目遊

明代士子李流芳（1575-1629，他以不拜魏忠賢生祠而聞名）在中秋時節遊覽「吳中第一名勝」蘇州虎丘後，在〈遊虎丘小記〉描述了迫爆人的情況：「中秋遊者尤盛。士女傾城而往，笙歌笑語，填山沸林，終夜不絕。」士女、笙歌、笑語的情境實在非常「黃金周」，異常擠擁，旅行的興致大減了吧。李流芳更以「穢雜可恨、酒場」去比喻，可見當時的情境是多麼俗氣。

當時的旅遊景點更有一條龍服務，即使在泰山之巔，已有商戶招待避寒及飲酒，更有沐足及看戲服務以吸引遊客，十分商業化。

III. 俗遊喧嘩要避開

旅行團不是現今所獨有，明清時已有包食宿連往返路費的進香（旅遊）團，客源以富有的婦女為主，她們帶同女僕，亦僱用船夫、轎夫、導遊多人，一團過百人是等閒事，異常嘈雜。行程絕對包含指定購物點，清代顧公燮的《消夏閑記摘抄》記載有「皮貨、衣飾、珠寶、參藥行、茶店、酒館等，如山如林」，十足似今天手信街的模樣。為避免爭執，本社不鼓勵閣下參加這些旅行購物團。

此外，包團亦是不錯的選擇，明代王世貞（1526-1590）遊太湖時，僱用了三艘大遊船，當中兩艘是用來盛載行李及僕役。譚元春又記載，有一定家底的士人出行時，往往帶上私人的歌女或歌童，演唱獨家尊享的主題曲，好不寫意。世家大族的公子哥兒更會租上

畫舫遊湖，包飲包食，更會帶上歌姬（妓）以供耍樂。

百多年後，清代袁景瀾在《吳郡歲華紀麗》也記錄了當時江南廟會的旅行團特多的熱鬧情況，「笑語喧騰、樂聲間作、物色駢湧」，這些喧騰、樂聲、飾物等都反映了宗教性質處於次要，娛樂性質愈來愈看重，所謂香客其實就是遊客，廟會的宗教性質都是次要的。「名為進香，實質藉遊山玩水，故俗有借佛陀遊春之說」，可見文人雅士對這些「借佛陀遊春」的俗遊已經有點不耐煩了。因此本社也不認為穿越去古代名勝上香是好選擇，但非去不可者就要多預留時間。

IV. 賞味限期是六點

明代文學家袁宏道（1568-1610）認為午、未、申三時（上午十一時到下午五時）遊客眾多，慢遊之士不宜此時出遊，只有「朝日始出，夕舂（夕陽）未下」，即早上六時及黃昏六時左右，這兩段黃金時間才可以避開遊人高峰，把良辰美景來個三小時慢煮，袁先生的名句「此中佳趣，安可為俗士道哉！」乃出自於此，凡夫俗子怎可以了解到呢？

要知道像袁宏道這般聰明人也不少，想有更高的私隱度，就要選擇更另類的旅遊時段，所以日出前、夕陽時都應捨棄。識玩的袁先生找出最佳出擊時機，就是在不見人影只有月光的深夜（子時〔23:00-01:00〕），和朋友盤膝坐於虎丘石台上對坐著，既不飲酒也不談話發聲，達到寧靜之心與四周悠然之景徹底融和。此等「天人合一」的境界實在高超，也合乎穿越旅遊的低調原則。

V. 高高興興買手信

最後，明清大媽無廣場舞可跳，無大商場可逛，上香才可以名正言順地離開家門，因此袁宏道說：「歸時，必向松木場買竹籃、

燈盞、藕粉之物。」看來都是花錢買「到此一遊」的東西，然後「分送親友，以示遠游」。說到底買手信即是炫耀的一部份。

不過，不止萬曆時期（1573-1620）大媽有購物雅興，士人亦然。他們大多對文房四寶或古籍孤本有興趣，更有人不斷遊歷去找古人的石刻或題字，並攜帶墨石拓不停拓印古人的墨寶，以轉贈同道中人。

清末錢泳（1759-1844）的筆記《履園叢話》有一個故事，指泰安縣令蔣伯生想考證泰山上「玉女池中有古刻」的傳聞，獨自爬上泰山山頂，居然找到一塊有十多字的秦朝斷碑，蔣伯生馬上拓了十多張副本，再落山贈送友人，一時傳為佳話。事實上，如穿越時真的撞上顏真卿（709-785）、柳公權（778-865）或找到唐宋八大家的真跡，代表閣下在上三代應該做過大好事。為免影響當今的藝術品市場發展，書法家的名作或石刻拓印還是只供當刻欣賞，嚴禁流出市面。

3 | 草原遊牧不浪漫

 在寶祐二年（1254）經中亞
進入蒙古帝國的舊都和林
（今蒙古國哈剌和林）

 跟隨法國傳教士了解蒙古、
不里阿耳、畏兀兒、吐蕃、
唐兀、契丹等民族情況。

 必備單車褲（騎馬時要保
護下身）、頭盔（防「撞頭」
用）、一雙筷子及一對手套
（用來執牛糞）。

 蒙古帝國橫跨歐亞兩洲，帶動
第一波真正的政治及文化全
球化。

 魯不魯乞（Guillaume de
Rubruquis）《東方行記》

 × 牛糞
○ 手製毛皮水壺、羊毛背心

「天蒼蒼，野茫茫。風吹草低見牛羊。」即使閣下信心滿滿地
唱著自南北朝時傳誦下來的《敕勒歌》，本社還是建議閣下盡量避
免降落在遼闊的草原及大漠一帶，否則閣下的風險指數會暴增。原
因如下：

I. 面目可憎太突出

首先，閣下的容貌實在太「出類拔萃」了，漢代匈奴人乃像今
天的中亞人，性格剛毅強悍。不少西方國家認為他們的後代就是公
元五世紀入侵西歐的「匈人」，如領袖阿提拉（406-453）。西方人在
繪畫中描繪「匈人」是矮個子、寬胸部、碩大的頭顱、小而深的眼
睛、寬鼻樑、黝黑的皮膚和留著稀疏的鬍鬚。不管閣下的包容性有
多強，要人家反過來包容樣貌時髦、髮型古怪、戴著厚厚眼鏡的你
並不容易，有銀票者另計。

II. 零騎術就零流動

然後，就想想技能的問題。閣下的肉體雖然穿越了，但踢球、游泳或煮菜等個人技能是不能為閣下與匈奴人的生活技能看齊的，請你想想「騎馬，你懂嗎？」《漢書・匈奴傳》說明北方草原「奇畜」特多，「橐佗、驢、驘、駃騠、駒騟、驒騱……逐水草遷徙，無城郭常居耕田之業」，除了「驢」，要準確讀出這些「奇畜」的發音對諸位來說已是難題，更何況要策騎牠們呢？更有說匈奴人在馬背上睡覺亦可，人家可是無經現代化洗禮、貨真價實的遊牧民族。

同時，〈匈奴傳〉又記載，「兒能騎羊，引弓射鳥鼠；少長則射狐兔，肉食」。即當時小童及青少年都懂得騎術，更以此來射獸打獵。諸位騎術的經驗值可能只是來自觀看快活谷賽事吧？

匈奴西面是大宛國，人口不多，卻有發達的城市文明，距離長安一萬二千多里。《史記・大宛列傳》內記載，「耕田，田稻麥。有蒲陶酒。多善馬，馬汗血」，即種植稻麥，產葡萄以釀酒，同時出產駿馬——「汗血寶馬」，耐勞蹄硬，連汗水都是血紅色的，大約就是赤兔馬的親戚。連漢武帝（前 156 - 前 87）也曾為爭奪寶馬而出兵。然而，大宛國乃在今天烏茲別克及吉爾吉斯境內，並非本社穿越團的旅遊範圍。

III. 一口飽飯也不易

不管粉蒸兔肉或紅燒狐狸肉等大漠名菜是否適合你胃口，匈奴人的飲食規則是〈匈奴傳〉明言的「壯者食肥美，老者飲食其餘」。換句話說，閣下作為穿越的大都市旅客，站在一望無際的呼倫貝爾草原或戈壁沙漠上，與當地天生天養的健壯遊牧男女相比，閣下一定是「老」而非「壯」，看來閣下多會淪為餕頭餕尾的消耗者。

不服氣吧？那問問自己：「識唔識箭術？」即使學會，閣下是否擁有「以弓箭打獵維生」這項人家小孩已有的能力？各位崇尚網購的現代人，就別妄想那裡有市集供閣下購物，實情是即使有貿易，多是以物易物為主。

IV. 匈奴習俗難理解

那麼找個人幫忙總可以吧？匈奴人「無文書，以言語為約束」。事實上，當時匈奴人並沒有文字，閣下又不懂已失傳的匈奴古語，即是又瞎又聾、無法溝通。但大家都是「牙齒當金使、講過算數」。

〈匈奴傳〉以近乎欺負的口吻說：「（匈奴人）苟利所在，不知禮義……父死，妻其後母；兄弟死，皆取其妻妻之」，即匈奴男人去世，兒子的後母或嫂子會自動成為承繼者的財產，這是有違當時中原漢人的價值觀，認為這些蠻族無道德、無倫理、無制度，只有赤裸裸的生存利益。

曾被匈奴擄掠到隴西一帶的漢朝才女蔡文姬（177-249）寫下了恐怖語錄：「斬截無孑遺，屍骨相撐拒。馬邊懸男頭，馬後載婦女。」句句都是提醒閣下，這將是在北方世界遇到的野蠻情況。遊牧老祖宗千多年保存下來近乎「茹毛飲血」的法規，是生存在草原大漠的不二法門，未準備好此等生活的，就別考慮此團了。

V. 另類行程可參考

匈奴之旅行不通，那麼蒙古帝國時期可行嗎？馬可孛羅（1254-1324）《東方見聞錄》記載的經典遠東路線，英國友社 Wag Time Travel Tours 已辦，為避開其他穿越旅客。本社另有新路線給諸位參考。

諸位請跟隨法國聖方濟各教士魯不魯乞（盧布魯克，1220-

1293）撰寫的《東方行記》的路線，他曾在十三世紀從法國進入中亞再到蒙古帝國，比馬可孛羅更早來華。「當我發現自己在韃靼人之中時，感到我好像是到了另一個世紀和另一個世界。」其記載猶如「午夜怪談」講及異世界的開場白。

難怪，《東方行記》描寫宋元時在蒙古草原上的住民是這模樣的：「男人們在頭頂剃光一小方塊，剩下的頭髮辮成辮子，從兩邊下垂至耳部。」雖說閣下穿越前換個髮型扮同類不難，但蒙古人的髮型比留辮子的滿洲人更怪誕和複雜。還有蒙古人夏天時會穿著來自中原的漂亮絲綢，冬天則以動物毛皮作衣裳，而且過著不會有天天換衣服習慣的「放牧」生活，無時尚可言。對一眾購物狂的現代人來說，無物可購是為天大惡夢。

VI. 住蒙古包不浪漫

事實上，蒙古帝國乃龐大的流動帝國，前期首都設在哈剌和林，《東方行記》指這城「還沒有法國的一個村子大。當然，你要尋找昔日帝國雄偉都城的感覺，一定會讓你失望」。今天哈剌和林內仍有當年的城堡遺址，大約是數個維多利亞公園的大小，除非閣下可以穿越到當時的上都，即當時西方人口中的世外桃源「仙樂都」（今內蒙古錫林郭勒盟），當時道路上牛車縱橫往返、人潮熙來攘往。或是到訪後期的大都（原是金朝中都，即今北京），否則閣下嚮往的大城市生活就別想了。

不過，有記載指哈剌和林內有來自中亞的色目人居住，更有被擄的法國人及英國人作工匠，估計可以用中古英語或法語溝通，給不懂蒙古語的閣下來個溝通上的慰藉。或者有閒暇時，更可以結伴遊覽傳統藏傳佛教的古廟、祭天處，還有買賣奴隸的市集，可以一

開眼界。

　　那麼沒有城市可住，住蒙古包總可以吧？當然可以！請進，圓形帳篷以木材及羊毛氈搭成，易起易拆。但提醒各位進入蒙古包的帳門並不簡單，包前的木門設置其實很低，同時又有門檻，前進時既要彎腰縮頸，又要舉腳提步，結果缺乏運動的眾人必然是「撻腳」又「扻頭」。一天進入十多次，輕則頭暈眼花，重則頭破血流。到此閣下必定拋開把蒙古包與浪漫畫上等號的想法了。

　　不過，包內的氈帳乃冬暖夏涼，特別適合野外生活，逐水草而居，即使是貴族，其大帳幕頂多是以金布覆蓋著，即今天一星級之酒店等級（當然不包括獨立浴廁）。

VII. 一雙筷子執牛屎

　　魯不魯乞又提到蒙古人「飲大量的乳酒（發酵的馬奶）和葡萄酒」，食馬肉也是十分普遍，飲用水（白開水）更是十分珍貴。飲用水已少，各位更不要奢望可以沖涼洗頭了，當時的遊牧民族一年的淋浴次數實在一雙手可以數完。很難為，對嗎？別介意，更難為的在後頭。

　　《東方行記》指蒙古包「內有一個小爐，裡面用樹枝、艾草根和牛糞生著火」，其實以小爐生火取暖難度不高，到今天蒙古的市郊仍有不少牧民以這方式取暖。但難題乃在於需要收集、接觸及使用這些經風乾的牛糞，是貨真價實的「執牛屎」，建議養尊處優的閣下，穿越時還是帶上一雙長筷子及一對手套為妙。

　　這等生活，你自問捱得過嗎？本社建議你還是遊覽歷朝的大城市較合適吧。

4 | 古代借錢梗要還

 在天監二年（503）到南朝梁國的都城建康（今南京）長沙寺的當舖

 見證「甄彬還金」的美德，順便典當身上舊物。

 1.「借定唔借？還到先好借！」
2. 不同朝代有不同紙幣，還是要帶備足夠黃金、銀子或禦寒衣物。

 南朝分別有宋、齊、梁、陳四代。梁國建國者為梁武帝蕭衍，他大力支持佛教發展，江南地區寺院眾多，僧侶社會地位亦相對高。

 孔平仲《續世說》

 ○ 錢、錢、錢

錢，不是萬能；無錢，萬萬不能。這是古今不變的硬道理。

錢，作為交易媒介在戰國時期已出現，「秦始皇統一貨幣」乃初中生都明白的基本知識。唐代數位皇帝都曾經發佈詔令，短期用布匹代替貨幣。真正具認受性的全國貨幣是元朝的元寶鈔，甚至適用於中亞的蒙古帝國。穿越時消費多少難以預料，消費多了並不是多備美金、歐羅、人民幣便可以解決的事，因此在古代借貸或弄錢還是有方法、守則要知道的。

I. 皇儲問你都不借

先說人家問閣下借錢的情況，穿越時的原則是不借、不借、不借，重要事情就是要說三次，任何情況下都不借。以三國時期曹洪（?-232）的例子加強閣下的鐵石心腸。魏國的曹洪家底富厚，連曹操（155-220）也自認不及。《三國志》指曹洪在東漢群雄並起時已在「操之左右」，多年來東征西討，無功也有勞，官拜都護將軍。

需知道的是，秦漢以來家族聚族而居，家庭主義高漲，你我很難分明。然而有次曹操的兒子曹丕（187-226）想向曹洪這個遠親堂叔借一百絹（以當時的貴族來說是小數目）應急，為人吝嗇的曹洪自然顧左右而言他，最後都是堅決不借。多年後，懷恨在心的曹丕便找藉口把他逮捕，要宗族多番營救才可脫身。不過，曹丕當皇帝後也對曹洪無可奈何，諸位可要向曹洪學習了。

II. 借錢方便在當舖

那麼想問人借貸又如何？這裡建議大家一些方法可以減少損失，說不定可賺上一筆，就是試試去當舖「押」貨。事實上，魏晉時期左右才有當舖，缺錢的人把不同種類的家當拿到當舖去，叫店家估個價，按估價一半左右的價格貸款，當然當舖的主管也會從中「抽水」，期限到就以錢贖貨，過了限期自然會充公物品。

然而，當舖一千多年來的運作都大同小異，可惜這些灰色經濟的保安措施極差，失竊率高，去普通的押舖就要三思。不過，諸位可以選擇一些較可靠的由寺院經營的典當行，謂之「寺庫」。內裡的典當物品從帝皇的珍貴賞賜、大家族的古玩花瓶、名家字畫或書籍等，應有盡有、目不暇給。

宋代孔平仲（1044-1111）的《續世說》記載了南朝梁國「甄彬還金」的故事：「常以一束苧就州長沙寺庫質錢，後贖苧。」即一束麻繩都可以拿去長沙寺換錢，「還於苧束中得金五兩，以手巾裹之。彬送還寺庫」，即得到意外之「五兩金」也誠實償還，可見當時典當業的部份情況。不過閣下可以用什麼現今物品去典當最化算呢？

本社建議以現今冬季的保暖大褸去典當，一般大褸的古今款式相近（最好是不要染色），但質料就有分野，加上從前早晚溫差較

大且四季分明，禦寒衣物十分吃香。如穿越到唐宋時期，建議閣下推說羽絨是「西域天鵝毛大衣」。相反，在明清時期押貨，就直接說在廣州或澳門與葡萄牙人交易的最新法蘭西冬季洋服，時人一般接受能力都高，會對西洋事物十分好奇，當然短衣、洋裙、西式內衣褲就無謂拿出來了。

此外，古時當舖一般還有個「三不當」的私人規矩，即旗鑼傘扇、神袍戲衣、低檔「朱義盛」不當。為的是防止人們拿死人的壽衣殮服或難以轉售且不值錢的東西來押當。

III. 地下錢莊勿亂借

無物可當的可選擇錢莊，錢莊乃換匯貨幣的信用組織。早期的錢莊，大多是地方豪強獨資或合夥組織，宋元時期的錢莊主人多有地方上的大佬支持（比如是財雄勢大的鹽商或礦主）。規模較大的錢莊，除辦理存款、貸款業務外，還可發莊票，憑票兌換貨幣（類似支票功能）。

與此同時，鄉鎮亦有地下小錢莊，兼有兌換及借貸業務，但類似合作社形式運行，多數是有頭有面、具抵押品的人才能在這裡成功借貸，故穿越時認識一兩個地方人士最為合理。話說回來，因為是「山高皇帝遠」，且在人家的地頭，不還款的下場就不敢想像了。

借錢唔還，擔保人隨時變受害人，被反咬一口。《唐令拾遺·雜令》有規定：「如負債者逃，保人代償。」即如果債務人「逃跑」，官府或債主都找不到，擔保人就要承擔賠償責任。教訓就是古今中外，擔保人還是不要亂當了。

IV. 把握時機唔使還

萬一需要代還債務，唐宋以來先以自己的全部資產償還，如不

足以抵債便要「役身折酬」，即是債主有權要你打工還債，而女性更可能被賣作官妓。事實上，宋代借貸者不少都是以鄉下佃農為主，結果是一世為「奴」。還款不完的就要「羊羔兒息」（子母轉息），全家便成大戶的「驅口」，結果是世代為奴，連新生子女都淪為奴隸，慘過供樓，翻身極難。

那麼閣下作為穿越者有什麼優勢可言？就是於出發前仔細溫習中國歷史，其時最高領導人及其皇室的生卒大限、帝位更替時間等，便應趁機馬上借錢。因為中國古代帝王在登基、更換年號、立太子，或是有重大喜慶時，照理通常會大赦天下，以顯仁君之威望。

很羨慕吧！故官方或民間曾借貸的人，也在這些情況下強制一併赦免了。到時債主慘過債仔，真正「啞巴吃黃蓮」了。當然本社一般不鼓勵這做法，即使對大歷史發展的影響極微。

旅遊項目風險評估

旅遊項目	風險指數（1—10）	
1. 徐霞客雲南遊		6
2. 西湖賞月團		2
3. 走進蒙古舊都		6
4. 南朝當舖遊蹤		5

B

生活陷阱篇

古代生活往往掛萬漏一，要知當中日常保命法則之應用，技巧不可缺少。本篇適合首次穿越者、可長時間在古代時空閒逛的退休人士和歷史愛好者。

生活上，你不找陷阱，陷阱都來找你，在此講解各種生活陷阱，待大家多加提防。

天下黑店一樣黑，只要拆解得到其慣常手法，黑店都方便行！

我們藉此見識宋室南渡後的汴京金有多離地，包租婆食水有多深。

包租婆 戰鬥力10000

黑店小二 戰鬥力5000

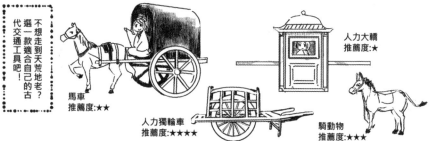

不想走到天荒地老？選一款適合自己的古代交通工具吧！

馬車
推薦度：★★

人力獨輪車
推薦度：★★★★

人力大轎
推薦度：★

騎動物
推薦度：★★★

愛美一族請注意，古代也有面膜、削面骨、隆鼻等美容整形療程，任君選擇。

好想試試看、效果好像不錯。

別看廁所看着似尋常，其實暗藏殺機。為免魂歸臭廁、臭氣纏身，大家要遵行古代上廁所法及其步驟了。

5 | 民間最惡包租婆

 在紹興八年（1138）到訪有百萬計北宋難民（包括皇族）的臨安城（今杭州）

 靖康之難後，江南社會普遍存有既功利、孤立、末世、即興，卻亦有積極、互助、無私等複雜而矛盾的南渡心態。

 見識宋室南渡後，江南噴井式的高樓價，可算是國難財的一種。

 周密《浩然齋雅談》

 懷著受高樓價影響的同理心，住細小劏房的心態。

 ○ 屋契或租約

「冇錢交租，學咩人練兵打仗呀？」這是電影《越光寶盒》中包租婆角色的著名對白。是的，即使在經濟大盛的唐宋時代，沒有租屋網、Airbnb，長安或汴京的租金也是非常「離地」的。

宋代王禹偁（954-1001）在《李氏園亭記》明言：「尺地寸土，與金同價，非熏戚世家，居無隙地。」句句心驚膽顫，如果不是皇親國戚，更會連小小的隙地也沒有。因此肉身即使穿越了，也要面對尺價「與金同價」的「屈機」世界，某程度上可以說是穿越慘過移民。古今樓奴，何其不幸，如有雷同，並非巧合。

I. 韓愈冇錢住劏房

事實上，包租婆的嘴臉與京師高級官員的官威不遑多讓，多少士人都是低著頭為蝸居而生。當中包括唐代的韓愈（768-824），雖然他及後官拜吏部侍郎，但他剛到繁華的長安城時，只是當個工資極低的小官，他更嘆道「賃屋得連牆，往來忻莫間」，「連牆」即跟同事「共享」大約是今天劏房面積的空間。

然而，長安畢竟是大唐國都，即使經歷民變或亂事，租金還是高漲不退的，以韓愈的文采在文學界也許還撈上丁點好處（「唐宋八大家」的招牌乃南宋才出現），卻不是對包租婆的減租藉口。姑且一問，閣下的文章難道好過韓愈？

　　II. 白居長安並不易

　　唐朝租金高企跟土地問題無關，租金高企的其中一個原因，是京師每年都聚集了不少到京師參加會試失敗的落榜士人，他們沒有勇氣回鄉，反而是留在長安重讀又重讀，哪裡都去不了。包租婆見到這些「好客」，循例每年加租一次，負擔不到的就要搬到更遠的市郊，特別是安史之亂後，百物騰貴，科舉還是會舉行，其中有個大名鼎鼎的受害者叫杜甫（712-770），「舉進士不中第，困長安」，十多年後小杜才當上一個芝麻小官，及後更要遠在祖家四川建簡陋茅屋，才能一圓置業夢（唉！）。

　　才華洋溢的白居易（772-846）都無樓，他剛剛到達長安時，已經29歲，是為古代的盛年，也沒看懂樓房的玩法，故當面被前輩揶揄「長安米貴，白居不易」。即使他一把年紀升到禮部任中郎，也只能大煞風景地說「遊宦京都二十春，貧中無處可安貧」，真心羨慕蝸牛及碩鼠都有容身之所，到了50歲的白先生終於在長安城置業，唯一可以肯定的是他冇睇電影，亦冇去日本。

　　現今香港「買樓難、租屋貴」的情況，在樓價極高的兩宋也是一樣。北宋時蘇軾（1037-1101）的弟弟蘇轍（1039-1112）工作幾十年，居然捱到70歲才成功「上車」，而且不是開封的中心地段，而是在開封南邊的許昌城買的。不過姓蘇的乃是才子，捱了40年已是少數目，有人指出一名普通的宋代公務員要不吃不喝超過200

年，才可以在汴京買上樓房。

III. 買樓出租最穩陣

再者，準備穿越的諸位也要明白，要在長安這等高消費的大城市生活，沒有股票、倫敦金或比特幣，最穩健的投資方式仍舊是老祖宗「買樓出租」的觀念。據說連唐順宗（761-806）當太子的時候，也曾出30萬兩在首都買下巨型的豪宅分作多戶出租，完全無視「利益衝突」這回事。皇帝做業主，好處是肯定不會撞上惡租客。

及後，靖康之難發生、汴京淪陷、皇帝被俘、國人南渡，理應愁雲慘霧加愁眉苦臉，但現實是江南人民跟諸位一樣都中了難以理解的房產毒，人人兩眼都冒出了大大個金錢符號。其毒因是臨安（今杭州）、建康（今南京）原本是「二線城市」，在南宋初期突然飛上枝頭變鳳凰，升格成為大宋首都及陪都，然後湧出無數南逃的趙氏皇族、官宦富商，加上金人不時渡江進攻的「今朝有酒今朝醉」的末世氣氛，結果上中下等的住屋都有港人熟悉的「剛性需求」和「迫切性」。

宋代士人周密（1232-1298）在《浩然齋雅談》一書中，慨嘆有一位叫張峋的南宋中級官員，在臨安租了一間帶庭園的房屋，他指出：「小小園林矮矮屋，一日房錢一貫足。」一貫即一千錢，足足一千錢是當時城市普通僱工的半個月工資。其時浙江一帶的世族或都市小民都爭著開發新土地然後建樓收租，當時叫「塌房」，房產十分商業化。

IV. 末日心態賺快錢

閣下只在教科書讀過宋高宗（1107-1187）深怕宋欽宗（1100-1161）從金國回來，自己的臨安小皇朝權力不保，故大力反對北伐。

「真心咩？」細想之下，其實整個臨安城的包租婆又何嘗會支持北伐呢？又到主句重唱部份，「冇錢交租，學咩人練兵打仗呀？」北伐中原？還是靠出租「發大財」更實在。宋高宗時期（1127-1163）的財經演員也許一本正經地報導過：「受到金國增兵影響，江南政局未明，如打回汴京，江南樓市必大跌云云。」

　　結果，既然房租愈來愈貴，三姑六婆總走出來教閣下「買樓比租樓抵」、「租屋等於幫人家供樓」的概念，不用多說，房奴就是這樣煉成的。或者國難與發財不一定有矛盾，這論點實在很切合投資骨子裡的基因，更可以說香港的投資者對投資南宋高樓房，應該會很快上手。

6 | 交通工具勿亂坐

 在貞觀十一年（637）見識《儀制令》記載下長安繁忙但守禮的交通情況

 長幼有序、相互禮讓的儒家社會典範。

 由西周到西漢，馬路上以右為尊；由東漢到南宋，則以左為尊；元代以後跟隨「國際慣例」，以右為尊。馬車座位內，一般以左邊為尊。

 長安是平地起城、四四方方、井然有序，一磚一木都是仔細計劃的結果。

 長孫無忌等《唐律·儀制令》

 ○ 馬鞭作留念
○ 木牛流馬的原形圖

閣下作為精明的穿越者，走在古代各個城市而言，以安全、時間、費用及舒適度來說，閣下認為哪一種古代交通工具最好？哪一種最差？本社給諸位排個序，以供參考。

I. 人力大轎 ☆

不同朝代的轎子使用準則都有差異，但坐什麼型號的轎子都是展示階級地位的主要方式，而婚禮出嫁、金榜提名、官員出遊都是坐轎子的。惟轎夫的數目錯不得，在傳統文化中「禮」字這個龐然大物前，所有內容都是有仔細訂明的。簡單來說，抬轎的人愈多，坐轎的人愈尊貴。

轎子在五代時期的城市十分普及，大概是無頂蓋帷幕的肩輿。但在清代時，士子何剛德（1855-1936）在《春明夢錄》解釋說：「坐轎則轎夫四人必備兩班三班替換，尚有大板車跟隨於後，前有人馬，後有跟騾。」好不威風，但養起這群人及傢伙的開支龐大。除

非閣下是達官貴人的座上客，一般穿越者很少坐轎子，如是非坐不可的話，閣下還是選兩人抬的轎（肩輿）為主，比較好找及低調。

II. 馬車 ☆☆

諸位又注意啦！在先秦時期坐馬車這貴族專利，要有一定的身份地位才可以享用。昔日齊國孟嘗君（?-前 279）食客馮諼在多番爭取下，終得到「門下之車客」的待遇，能坐上馬車到薛地收數。自秦朝起，「御人」（即駕馬車者）是需要招募的，不是自己胡亂揮鞭便可以操控馬車，當中又涉及一定的費用。到了漢代，慣了躲在舒適圈的市民開始在馬車加了個名叫帷蓋的方形避雨棚，不過仍沒有今天認知的完整車廂，車架都是硬橋硬馬，沒有避震，站在車上絕對是奔波勞碌、暴衣露冠、風鬢雨鬢。

漢朝以後一千年的宋朝，社會更加注重車內的個人舒適度及私隱問題，一句話：「有錢，個人就開始飄！」汴京的馬車技工行在馬車的輪上纏紮厚實的蒲草葉，在走山路或沙地時猶如安上彈簧，有較好的減震防搖之作用。同時他們又把馬車的轎車改成封閉式的轎廂，外面掛滿各種飾物及小旗子，內裡放上軟臥的墊子，因此躺在廂內擁抱兩個美女或美男也絕不過份，坐馬車終於不用像漢代勇武式尊貴，炫耀的性質愈來愈高。

明清時期，馬車愈來愈普及，但諸位留意中國南北是有分野的。南方一來船舶運輸選擇較多，但買馬及僱馬夫都沒有華北或東北方便，比如張應俞《杜騙新書》提及在福建買一隻好馬要 40 兩銀，但走福建陸路 120 華里的抬轎價，才一錢六分左右，價格有天壤之別。

III. 騎動物 ☆☆☆

騎動物（馬、牛、驢、騾）其實比坐轎及馬車更爽快方便，如

果牠們沒有獸性大發的話。早在先秦時期，馬已是畜力，單純用來拉車，要到戰國時才有單騎出現，閣下是否敢坐上馬鞍又是另一回事。宋元以前的規矩甚多，明清之際設限相對較少，只要閣下有本事，開馬車或開馬場都無人會管你。

故此，本社建議閣下在先秦時就要找個好面子的名人，如拜訪孟嘗君當其食客，交通從此不成問題。如果想認真騎馬最好去清朝，清代中葉時一頭普通的騾要 20 兩左右；反而買一匹自中原地區而血統普通的馬只要十多兩，連馬鞍具糧草只是外加十多兩，閣下作為穿越者更可以過一下馬主癮，更節省了練馬師、騎師、糧草及馬房費用，非常抵玩。

然而，《漢書》中提到兩漢時期落難或被貶的官吏馬也騎不起，馬以外的選擇是牛。到魏晉年間，民間尚武的風氣降低，士人都愛扮清流，棄馬騎牛，而牛車使用上被認為較馬車舒服。以陽痿聞名的東晉最後一位皇帝司馬奕（342-386），退位離開皇宮時就是坐牛車的。

《世說新語·汰奢》：「王君夫有牛，名八百里駁，常瑩其蹄角。」即王愷有坐駕是五色神牛，更改名為「八百里駁」，還會給這頭「法拉利牛」按摩清潔及擦亮蹄角。話分兩頭，潮流都是鐘擺的，到了胡風大盛的唐朝，近乎全部男士都會騎馬不騎牛，牛車只是婦女平日所坐，為了方便，更有女扮男裝去騎馬的例子。各位貴賓在出發前要認清使用哪一款交通工具。

驢和騾是更貼地的民間交通工具，驢子不是馬，牠們一般軀幹較短且蹄小，但結實粗放、刻苦耐勞、負重非常好；性情溫馴及聽從使役，比馬更易馴服，某些地區最後還會吃掉整頭老驢，物盡其

用。地理上是中國華北及西北一帶之驢子為多，在隋唐時期更有專門出租驢子的店舖出現。

另一方面，騾仔體型更小，是馬與驢的混合物，是在鄉間的主要畜力。騾仔同樣負重能力高但只可以小步走，衝鋒奔跑力有限，但走起路來不揚起塵土。故此在宋元明三代，鏢局和巨賈要靜靜走資金銀珠寶，都特選騾仔來完成任務。再者，騾仔所用的飼料比驢及馬都要少，合乎經濟效益。簡直是送禮自奉的首選。

綜觀驢子和騾仔的個子不高，性格溫和（騾仔比驢更臭脾氣），速度穩定，而上鞍子都較馬的為低矮，對閣下來說相對安全。本社認為遊覽名山大川還是以驢子和騾仔作首選。

IV. 人力獨輪車 ☆☆☆☆

最後，壓軸出場的交通工具乃本社極力推薦的人力獨輪車，帶貨載客皆可，類近諸葛亮（181-234）發明的「木牛流馬」，性質好比今天的極速出租「小型客貨車」，差不多大江南北、歷朝都有。

實際動力是找一至兩個鄉下農閒的堅壯大叔大嬸負責駕駛或推動，時間當然不一定有保證，但勝在點到點、速度快、小路斜坡上樓梯都可行，性價比最高。但建議目的地是長安、汴京或大都等大都市的話，就轉坐馬車或轎子，否則會遭當地市民白眼。

V. 交通規則合乎禮

行車走馬在講法律之前乃有一套禮儀精神要學習。唐太宗（598-649）在貞觀十一年（637）頒發了《唐律・儀制令》，其一是：「凡行路巷街，賤避貴，少避老，輕避重，去避來。」很簡單，就是讓貴族及長者先行，讓迎面而來的車或大型車輛先過，相比當時世界其他國家，可說是十分文明。

本社已為閣下提供了最初級的貴族服飾及玉佩，身份高於平民又不致太過高調。另外，建議凡碰上對車時，還是讓人家先走，正所謂「禮多人不怪」，總不會錯。

坐車或騎馬如果超速了要受罰嗎？那就要看情況。在荒郊野外或鄉村關係當然不大，但在人煙稠密的街道和細巷，一般都有明文罰則，比如《唐律疏議》卷二十六〈雜律上〉規定：「諸於城內街巷及人眾中，無故走車馬者笞五十，以故殺傷人者減鬥殺傷一等。」意思是在人多地方行駛車輛（不論高速與否），打屁股 50 下，以車馬殺人傷人的，比照打鬥殺人傷人之罪，然後減一等來量刑。當然如果閣下超速的原因是「呈報公文、治病救人、追捕匪賊」，就不用負刑責。看來諸位穿越者都難以超速了。

掌握古代交通殊不容易，不妨拿出未來「北京第三區交通委」的詭異交通口號：「道路千萬條，安全第一條，行車不規範，親人兩行淚！」來警惕回去古代的穿越者。

7 | 美容整形開箱文

 至元廿五年（1288）在上都（內蒙古錫林郭勒盟）或大都（北京）享受中外合璧的美容療程

 蒙古帝國雖是最強大，但上都或大都並不如想像中繁榮，卻可以遇到來自世界各地的人，十分國際化。

 古風天然無添加清純變靚療程（絕對不用簽套票）

 北宋《聖濟總錄》

 1. 打扮為蒙古人或色目人會有較好待遇，銀兩還是要多備無妨。
2. 具備「要靚唔要命」的堅強心態

 ○ 用蛋白或豬蹄熬成最天然的面膜

愛美不是現代人的專利，穿耳戴環、隆胸磨骨、搶購無添加的護膚品等行動，亦不一定需要去首爾或曼谷，成功穿越去古代整形美容，也是另類的美麗贏家，不過過程可要留神。

南朝梁國的劉孝標（462-521）注引《語林》曰：「安仁至美，每行，老嫗以果擲之，滿車。」即是美男潘安（247-300）常常在洛陽出遊時，婦女們都環繞著他，再把果子投到他車上直至滿瀉，簡直是當今追星族的模樣。

《世說新語‧容止》的篇指出「貌醜口吃」的左思（250-305），曾想效法潘安郊遊，「於是群嫗齊共亂唾之，委頓而返」。直接點說，就是「太樣衰，慘被痛打侮辱」。

「棄左思，要潘安！」本社為閣下精選一系列的美容品及療程，連帶說明各朝的美容情況，馬上出發去變靚吧！

第一部 面膜美顏

最簡單安全舒適之選，乃是穿越到魏晉時代的洛陽、長安或建康。當時女權相對較高，而其中北朝較南朝婦女在感情、婚姻、教育上有自主權。不過，社會上士族階層不論男女都愛美成性，南北朝的美容養生店非常普及。

東晉中醫葛洪（283-?）的《肘後備急方》記載了時人用鮮雞蛋白或豬蹄熬成膠體狀物以造面膜，兩者在當時都是昂貴的食材，用在臉上而非放在肚內，用家自然是非富則貴，實在是鬥富炫耀、招搖過市的囂張之選。然後再拿走一套護指甲回來，實在是最佳紀念品。事實上早在先秦時期，貴族及官員的婦女已懂得以幼小石頭來磨指甲腳甲，這個東西在兩晉時已非常成熟。

第二部 人工「酒窩」

選一個「唐朝風韻」美妝套餐同樣是低風險之選。別忘記隋唐時期的精英階層——關隴世族受胡風影響極大，婦女在音樂、舞蹈、社交及美容等方面都有較大的自主性。

時間是唐代、地點是長安、人物是楊貴妃（719-756）式最潮胡風女子，身形就不多說，但她們的面容有否修飾？不少史書記載唐代婦女笑靨如花、凝眸皓齒，更有「當面施圓靨」，即唐朝時已有專業的美容師協助閣下在嘴角處加兩小點不易遜色的胭脂，像「酒窩」一樣。早在南北朝時，徐陵（507-583）的《玉台新詠·序》便有「北地燕脂，偏開兩靨」的句子，試想像閣下身穿胸口大開、坦肩露肌的明麗襦裙於高檔的明德門一帶遊蕩，釣個將軍或翰林院學士應該有難度。

第三部　線面脫毛

如果時間不多，傳統面部深層手作仔——「挽面」（線面脫毛）也是可靠快捷的選擇。

閣下將會體驗到挽面婆會在婦女的臉上抹上石灰粉用作潤滑皮膚，然後以牙齒和雙手拉著白色棉線上下左右交叉絞動，從而拔取臉上的汗毛，光滑如「剛剝殼的雞蛋」。據悉浙江及潮汕地區的婦女更把線面脫毛視作「開臉」，即少女的「成人禮」，代表從此進入可以上妝的成人階段。當然找手工較仔細的挽面婆並不容易，比如在隋代大興城內市集選擇較好，附加肌膚修護、去暗瘡、去痘印、脫癦、眉毛等美容項目也是合理的選擇。讓閣下輕鬆享受變美一刻的喜悅。

第四部　削尖面骨

曾說過「書中自有顏如玉」的宋真宗（968-1022），他就有一個真的「顏如玉」——德妃劉氏（969-1033）。據聞德妃初入宮時，身材娟好但臉部寬腫，並無得到偏愛「瓜子口面」女生的真宗寵幸。後來遇到美容聖手作「V面磨削療程」，秒速享受充滿朝氣，變身成了瘦臉大美人，民間爭相效法。北宋的《聖濟總錄》記載了用玉磨治療臉部瘢痕的方式，在之後的一些醫書中都有類似的記載，相關手術開始流行。當然古代並無麻醉藥，風險請閣下自行評估。

再者，兩宋時期「婦道」盛行，社會對婦女的言行有較大的控制。除了低下勞動人口，基本上有頭有臉的婦女都需要纏足，除非不被發覺，相關醫館就不會接待閣下這位南蠻天足女漢子。

第五部　隆高鼻樑

元代是中國歷史上整形技術最強的時期，史載中國最早的鼻樑

修補術是在元朝，距今已有七百多年。元代士人戴良（1317-1383）在《九靈山房集》中指出，某軍官在作戰時被刀砍面破相，元代名醫項顏章為其施手術成功，五官重現。當然隆鼻也是醫學矯整形，具有一定風險。

事實上，元代醫學除了有傳統漢人中醫，也有蒙古醫術及回回醫術，官方也設有全國性的太醫院，可謂百花齊放。大都及上都設立御藥局，是當時世界上最有名及先進的。然而，元代婦女地位不高，推崇女子無才便是德。加上在大都及上都設有公開拍賣的人口販子市場，販賣大帝國內的美男美女，漢人和南人臉孔的女子都是高危一族。建議閣下換裝成蒙古或色目貴族婦女，才能完全體驗此等純手工的醫學美容服務。

最後，附加一個相關信息：近日有傳聞指有穿越者私自回到同治九年（1870）進行非法手術——閹割，該處是紫禁城的西華門一處叫「廠子」的隱藏診所，卻是官府認可「出產」小太監的地方（清代吳長元《宸垣雜識》）。閹割手術費高達 6 兩白銀，當年更曾有英國人實地觀賞，詳盡記述閹割手術過程。重複一次，這是違反穿越原則且相關穿越法律是不容許的。本社勸戒諸位，千萬別鋌而走險。

話分兩頭，雖然整形美容的技術歷史悠久，古時仍有堅持不施脂粉的素顏女王，最著名的乃唐玄宗（685-762）時「淡掃蛾眉朝至尊」的虢國夫人（?-756），成語「素面朝天」就是由此而來的。

8 | 安全茅廁保平安

在順治三年（1646）到廣州（詳細地點不詳）拜訪近代廁所大王穆太公。

學會上廁所，避免臭陷阱。超強市場學，靠公廁致富。

現代人的紙巾、水壺以盛水、消毒液以洗手、戴上口罩，避免被氣味焗暈。

明末清初政局混亂、人心不穩，不過在偏遠鄉郊地區相對平靜。

任何銷售心理學、市場學課本。

冇！如廁不應該有手信。本篇附古代廁所致富法。必讀！

先說一個既壯烈又傷感的故事。

春秋時，晉國君主晉景公（?- 前 581）某天吃早飯前覺得肚子痛，便急急上茅廁來個「大解放」，但「咚」一聲，掉到糞坑裡的不是糞便而是自己。三千多年前的廁所是沒有沖水馬桶的，在叫天不應的情況下，結果景公活活被數以千萬計的「黃金」焗死，死法可謂又恐怖又可憐。

不論穿越到哪個朝代，閣下每天都需要出入茅廁，次數當然也不少。然而，古時「出恭」並不如今天安全，因此緊記上廁所守則及步驟，可免魂歸臭廁及臭氣纏身。

I. 如廁步驟要遵守

「洗手間」的舊名叫茅坑、糞坑、沃頭、西間、西閣（傳統多認為廁所應設於西方）、舍後（即屋後）、更衣室等。那時候絕不存在今天的套廁或馬桶之玩意，茅坑多是設在露天，即使有門有蓋，也多數是沒有窗戶自成一閣。（事實上在今天的中亞地區及中國西

部仍有不少這些玩意）故此不少讀書人或佛道賢者都會編寫「上廁法」，虛心教導人如何面對這些不潔之事。

以下是綜合數朝上廁法的溫馨提示，建議閣下在穿越前先熟讀：

一　到達廁所門前，應以三指彈作聲響，給人及「非人」得知。（古人認為不潔之處鬼魅極多）

二　打開門戶或窗戶檢視廁內，以確定沒有毒蟲。遇廁內附有鞋子替換，記得男的是方頭，女的是圓頭。

三　關門後，將外衣脫下及放好。（「更衣室」稱號的由來）

四　慢慢地按次序把內衣拉上，不可快速揭起，裸露身體。

五　排出廢水廢物時應把位置置中，不要弄污廁所兩邊地方及閣下的雙腳。

六　完事後，用「籌淨」（棍子、木條或竹條）來清潔。不得使用石頭、青草、土塊、軟葉、樹木等，不是怕閣下有鐵一般的「菊花」，而是弄髒了大自然之生命。

七　完事後，內衣按次漸漸放下，不可快放。（應該跟道德禮教無關，太快太急易弄到「黃金」）

八　穿上外衣及離開後閉門。

上述整個過程也要心存敬畏，因為廁所有「廁神」保佑，一般尊稱為「戚姑」（被呂后虐殺的戚夫人），每逢上元節及中元節，人們會在廁所外拜祭戚夫人（前 224- 前 194）。

II. 如廁迷失可以問

漢景帝七年（前 150），《史記》記載漢景帝（前 188- 前 141）「嘗從入上林，賈姬如廁，野彘卒入廁」。漢景帝率眾到上林苑打

獵，他的愛妾賈姬期間上茅坑，突然被野豬亂入攻擊，差點被豬群吃掉。有考古學家提出，其實古代廁所沒有渠道沖水，茅坑之下更有機會是豬欄，閣下的廢物就是豬隻的糧餉。如廁時，不想當晉景公或賈姬二世，還是要照足步驟，小心為尚。

到 300 年後的西晉，茅坑已經全面升級，皇親國戚的更是豪華百倍。《世說新語》記載了西晉將軍王敦（266-324）某次使用公主的專用豪華廁所，廁所內有小桌，桌上有小碟供應紅棗（原來是塞鼻子用的）；另有小碗放「澡豆」（原來是擦手用的天然肥皂），在一千多年前算得上是十分貼心的準備。換著今天應該要穿戴防毒面具的級數。然而，王將軍老實不客氣把紅棗、澡豆全吃進肚子，結果堂堂大丈夫落得「遺臭萬年」的笑名。故此，有疑問時大可以先找駐場的「守廁婢」詢問，當然有打賞的話誰也喜歡。

III. 高貴身份有廁紙

事實上，廁所史在以帝王將相為主的中國歷史記錄可謂少之又少，奉勸閣下的想法也不要太「離地」，從前根本沒有廁紙的「發明」，用紙拭穢之一手資料完全沒有，直到明代，皇室才有專門製作「穢紙」的部門——寶鈔司。

那麼之前的人都不用擦屁股的嗎？不是，最早記載使用廁紙是元朝之後的事情，元代以前只有「籌淨」，廁籌這印度「來佬貨」傳到中土後，當時只有士大夫中流傳，懂擦屁股絕對是身份的象徵，當然使用這些硬物是經常會刮破下體，痛苦難擋，要面子的士大人當然不會出聲。另外，在元明以後，一樣只有達官貴人才用粗紙擦屁股，無錢的就用竹條吧！

《資治通鑑・梁紀》記載北齊的文宣帝（526-559）「以楊愔為宰

相，使進廁籌，以馬鞭鞭其背，流血浹袍」。堂堂宰相進廁所為皇上供「廁籌」，還要被馬鞭鞭到流血，看來「對大臣變態」這技能不一定是明太祖（1328-1398）的專利了。

民間使用廁紙已是清代中葉的事情了。當時更傳說用印了字的紙拭穢就要遭到報應，比如在同治十二年二月十六日（1873-3-14）的《申報》報導，一名女子用字紙拭穢，扔紙入便桶，據稱遭雷擊擊倒。唉！實在真假難分，但這亦是回應了「敬惜字紙」的傳統文化，所以閣下使用潔白兼有花紋的現代廁紙就別帶回去了。

IV. 另類投資是公廁

投資古代收費廁所前景明朗，可能也是回港後可付上樓價首期的方法。清初市井小說〈掘新坑慳鬼成財主〉提及穆太公這個經典例子，請工匠把門前 3 間小屋掘成 3 個大坑，每一個坑都砌起小牆隔斷，牆上又粉飾起來，貼了不少詩畫在這糞屋牆壁。

及後穆太公還循例叫個士人寫上：「齒爵堂」數字為招牌，左右則貼上「遠近君子下顧，本宅願貼草紙」，開宗明義的「屙屎」送廁紙，費用全免，令人賓至如歸。其時鄉下人用慣了廁籌，如今竟有免費卓紙，如廁突然成為群眾活動。

在資本主義打滾多年的閣下可能問，穆太公開善堂嗎？非也！廁所雖是免費的，排出的糞便卻屬穆太公所有，對外賣到種田的莊戶人家（事實上，中國耕作都依賴有機資源「糞便」，當中南方的水耕較北方更為依賴），或者以人家的柴米油鹽來置換，不久他就賺了第一桶金，絕對是另類投資的首選。

不過，這些小說都是回應民間「食腦致富」的捷徑思維，真偽需時考證，因此「另類投資考察團」不日推出。

9 | 智破黑店全攻略

 在景德元年（1004）遊走繁華的汴京或到訪當中的黑店「探險」

 欣賞古代政府在打擊黑店上的提示與努力

 必帶古代身份證明文件、以鏡子作檢查房間用、濃甘草汁為解毒用。除非在大型星級客棧，否則枕頭、被褥、毛巾、洗滌工具都是自備為妙。

 當時宋代的各項發展是當時全世界最先進的，沒有之一。

 李元弼《作邑自箴》

 ○ 濃甘草汁，灌下便可解蒙汗藥。

　　無良黑店古今皆有，究竟古代黑店的經營手法如何？穿越時如何避開這些黑店？準備穿越的諸位要留意啦！

　　事實上，自中原地區有商業活動以來，即有專門坑人的店舖出現，本社估計在西周後期已出現，其歷史之久遠簡直可以申請聯合國的非物質文化遺產（說笑罷了），嗚呼哀哉！難為千古以來無數被屠的羊牯顧客，然而在古代要經營一間賺錢的黑店並不容易，古代沒有網店，不可能躲在電腦背後騙人；同時也沒有流動電話，「猜猜我是誰」的電騙伎倆也用不著。

I. 黑店特徵要留神

　　以唐代為例，當時的老字號大酒樓都設有投宿服務，酒樓和旅館基本上是分不開的。在商業大盛的南宋到明清，其時在江南大城市內不同價位的旅店都有，《畫舫餘談》曾記載南京的著名星級酒店有泰源、德源、太和、來儀等大牌子，人流暢旺、間間爆滿，自

然衍生了相關劏客騙人的黑食店及黑旅館。諸位在穿越前可要先來個黑旅店的運作模式初探。

綜合唐宋以來，除了騙人，也有真正「劏」人黑店，其特徵有三：位處偏遠、店主霸道、黑招有效。先說地理位置，名著《水滸傳》內「母夜叉」孫二娘開的黑店就在十字坡，位置偏遠卻非常具戰略性，每當流放罪犯去孟州等邊疆地域，都必經此道路，被劏的也消失得無聲無色。

又例如以明代為背景的電影《新龍門客棧》，張曼玉飾演的金鑲玉開的黑店就在沙漠邊陲的荒蕪地，四野無人加上剿匪的「千戶」已被買通，實在是騙案市場策略上的最佳推廣處。

此外，這些酒館或客棧會以旗幟作招牌，上面寫上一個斗大的「酒」字，大概跟武俠片見到的相若，如果有四面或五面旗幟就大概等於今天的四五星級酒店。當然閣下覺得旗幟數目跟食店門面的豪華度並不對稱，還是小心為妙、走為上策。又如果見到「三碗不過崗」這些挑釁性字眼寫在旗上，就一定有古怪，即使閣下認為強如武松哥，一拳可以打死大老虎，黑店還是惹不過的。

再說店主，前述的孫二娘雖是仗義之人，不劫和尚、囚犯及聚義勇士，但是一般顧客就「肥的切做饅頭餡，瘦的卻把去填河」（《水滸傳》第二十七回），就是來一個殺一個，肥瘦不拒，或是跺碎成「人肉叉燒包」，或是成了建築材料，非常合乎可持續發展原則，難為食客成了羊牯，實在可憐。

II. 一索便倒蒙汗藥

另一方面，黑店的坑客招數也是包羅萬有，通常低級的街坊黑店都是賣賣假酒假藥、偷工減料之雕蟲小技，「扣血」有限。然而，

南宋洪邁（1123-1202）的《夷堅志》記載江西大梅嶺內有間神級大黑店，後園內有個隱蔽洞穴，店主在旅店後面的花園中挖了一條隧道直接通向客房。

夜深一到，店主便「以巾縛客口，倒曳縛窖中，生埋之」，即以毛巾塞口，叫天不應、叫地不聞，就是不折不扣的綁架加殘殺，再以活埋為害人方法，實在恐怖。錢財被盜事小，嚇人的是自身會曬成美味人肉乾再出售，黑店便可雙重獲利。

最後，每間黑店也藏有超級暗黑利器——蒙汗藥（迷藥），店主將之混在酒菜之中，食後有迷醉和昏睡的感覺，善良顧客立即為傻瓜，輕則財物不保，重則一命嗚呼。有防備方法嗎？放心，唐代中醫孫思邈（541-682）在《備急千金要方》中說：「甘草解百藥毒。」實際上是把濃甘草汁灌下便可解蒙汗藥，因此記得濃甘草汁不離身。

III. 留意榜諭閱官箋

那麼就防範於未然吧，穿越後可有什麼黑店避險提示？有，但不多。南宋的李元弼以自身經驗撰寫的《作邑自箴》並不是旅遊指南，大約好比今天旅遊網為讀者作分類及評分的記錄本，書內亦收集了不少官府文章及榜諭告示。比如提醒旅客進房間休息時要小心隔牆有耳；聚餐時要防範那些私藏武器的流動人口等。

最重要的是，大部份朝代鹽與酒都是政府的專賣品，是官府透過商人銷售，因此《作邑自箴》認為如要購買價格好、質量高的酒品，最好在路邊小店購買，反而不要透過官府購買。

同時，此書又提示諸位，北宋已執行實名購票及實名旅客登記（閣下可別大驚小怪！一千多年前已有），叫「置立文簿」，要求旅

客將其真實姓名、職業、籍貫及目的地等資料登記，並需要相關官員每月核對檢查一次，那麼閣下穿越前可先準備本社提供的個人資料，以免惹起懷疑。

及後官府更推出給商旅人士的古代版溫馨提示：《登途須知》，比如教育旅客「閉門先周視」，即關門前要仔細留意房間內外，以防有人埋伏，同時也提醒要攜帶雨具及食水；而茶葉跟藥物不可以同放一處之提示等。此等榜諭官箋，本社已翻譯為不同語言的簡單版本，出發前可以一讀。

小心駛得萬年船，安全穿越免翻船。

旅遊項目風險評估

旅遊項目	風險指數（1－10）
5. 臨安難民營	5
6. 長安交通體驗團	4
7. 變臉駐顏之旅	6
8. 上茅廁初階班	6
9. 宋代掃黑隊	7

劏客羊牯篇

古代民間社會充斥著不少騙案與謊話，一定要懂得識別及熟讀保命法規。本篇適合具偵探頭腦、愛解謎團的深度穿越愛好者。

10│滿街乞兒和你玩

大曆五年（771）在長安城，了解眾多無家可歸的流民變為乞兒的慘況。

在滿城乞兒的「圍捕」下成功逃離

錢財不可露眼。但以少量銅錢、幾件舊外套、一對舊鞋打發乞兒。或者帶個觀音吊嘴、打狗棍扮同類。

八至九世紀的長安城，曾受戰亂破壞，但皇室貴族仍在，民間社會多元但貧富懸殊嚴重。

周心慧《古今騙術大觀》

○ 某些乞兒會有小手藝搵食，如竹製發聲小玩具。
× 錢財露眼：危險！

恭喜閣下成功走在大唐繁華的長安大街上，首先收起閣下的現代人氣焰，先別想景點或茶莊酒樓，古代社會大學馬上送閣下進瘋狂「乞兒迎新營」，首個遊戲的挑戰是避開各式各樣乞兒的「歡迎」。

I. 遊戲人物要辨別

自古以來，社會上的良賤觀念分明，良好市民多不齒乞兒群體。自宋元時起，更有常規的丐戶（戶籍）兩大類，山陝一帶的「墮民」及江浙一帶的「樂戶」（粵閩一帶乃「蜑家」）。所謂「墮民」通常身穿黑色衣服，男的戴狗頭帽，女的就梳成高高的髮髻，他們只可從事賤業，如苦力、喪禮、守墓、捉野味等；而樂戶則是綠衣綠帽，從事街頭賣藝者、歌伎等。兩者不得與平民通婚，也不可以參加科舉，連住屋的大小也有限制。

II. 遊戲角色任君選

非常規的乞兒也有不少，穿越前諸位還是辨認一下各款乞兒的造型。

一、**經濟乞兒**：這種乞兒「色香味俱存」，非常易辨認：瓦灶繩床，衣衫襤褸、藏污納垢，更有一些連像樣的褲子也沒有，從未梳過的長頭髮連帶濃濃的氣味。他們多是聯群結隊地「搵食」，通常一手拿破籃（收集食物）一手持小木棍（用來負重物或趕狗）。更有些是戴孝行乞，不停哭訴自己的際遇，一個字：慘。

除非閣下遇到個懂打狗棍法的，可以避開或高叫「睇住呀！」即可。然而，明代張應俞的《騙經》指浙江中部有丐幫強拐小童，「刺眼刖腳陷殘疾……叫乞於道。每日責其丐錢米，多者與之飽食，少者痛酷捶打」。這些乞兒集團以盲眼、腳陷等殘疾去搏行人的同情心來騙財。本社建議諸位應收起同情心、火速前行，如有小童同行，更應留神。

二、**青布乞兒**：與今天阿婆乞食的情況不同，所謂「青布」即是以年輕農村女子為主的乞兒群，多是頭包青布行乞，又自願又被迫地上街行乞。她們多在繁華的商業街道前流連，或扮成可憐產婦的樣子，因為北方傳統多認為經商的撞上待產的並不吉利，故一般都是送些「喜錢」打發了事。

唐代音樂家段安節的《樂府雜錄》內記載，唐代宗（727-779）時張紅紅本與父親在江蘇廣陵街上乞唱為生，「妾本風塵丐者」，後輾轉被皇帝看上而納入後宮。

三、**罪犯乞兒**：古時其中一種刑罰是流放邊疆，且流放的罪犯在明清兩朝特多。被判刑後，更要山長水遠地徒步前往邊疆流放地。罪犯在流放過程中是沒有最低工資的，國家也不會有交通津貼，因此他們多是帶著重重四方枷鎖慢慢地前行，腳上也繫上長長的鎖鏈，走路時發出既嚇人又清晰的「噹噹聲」。當然這些罪犯也

非常入戲，常常有意無意地露出兇狠的表情來嚇人家。商舖或有同情心的路人都投以零錢或食物。

四、**特殊乞兒**：清代中葉的《字林西報》曾記載，在廣東省內有不少來自美英、葡萄牙、印度等地的外籍乞兒，且多是跟人口販賣一類的犯法事情有關（如逼良為娼、販賣兒童），不時又與本地乞兒產生衝突；不過，那些大戶人家可能虛榮心作祟，見到這等洋人乞兒，反而大破慳囊、毫不吝嗇。

III. 遊戲時地不間歇

事實上，一般挑戰的時間是二十四小時、不分晝夜。碰上天災人禍，乞兒多會躲藏起來。但要記著，一般乞兒都是天光到日落出來搵食，晚上遇到的很大可能是假扮乞兒的賊匪。遇上特殊節日前夕，如春秋二祭、燈謎會，他們更積極出擊。

地點方面，大部份較「善良」的乞兒通常會三五成群地聚集在交通要道、風景旅遊勝地、廟宇門口（特別是廟會之時），人們稱之為「花子街」。一些較「陰險」的乞兒則故意躲在後巷或間角僻靜地，遠遠對閣下財物虎視眈眈。

IV. 遊戲規則要遵守

一般而言，一種是攔路行乞、或磕響頭、或哭泣、或口中喃喃自語「身體健康、生意興隆」等好話；有些人更會以女人的促銷檔的口吻 rap 歌：「發你個財呀發大財，三年抱兩生男孫！」通常市民以零錢小費就可以打發這些人。

另一種是死跟路人兼死拉衫尾（女子或小孩為主），通常是聯群結黨地出動，威力更強。防衛方式很簡單，記得要緊按錢包及急步離開，否則惹來更大一群來圍攻你。

V. 行會管理具組織

在唐宋時期，各種乞兒的行乞原因眾多，家徒四壁、天災影響，獨身的、攜帶子女的、或整個家族出動的都有，有些則是城內收入不足的「自僱人士」受僱行乞丐幫。

所謂丐幫組織是乞兒的「行會」，是乞兒的社交網絡，團結乞兒群體的自助地方組織，因為有戶籍制度，乞兒多數在本地流竄，而外來乞兒就要先交陀地費給本地丐幫的丐頭（團頭），才可以在該地行乞。

那麼怎樣認出誰是丐頭大佬呢？通常是拿著長杆、長粗的煙管或類似武俠小說內的打狗棒形象的人。當時，大佬一般都不用走上街頭，只需監視其手足工作便成了。

VI. 解決方式是課金

然而幫內派別眾多，或以籍貫、地域或信奉的神靈（如拜關帝、拜觀音）來分門別類。閣下就別幻想有個洪七公來跟你講義氣，還是乖乖地放下銀兩閃人吧。

順帶一提，古代乞丐一般都「信邪」，很尊崇行內的「老行尊」，如春秋時曾借糧給孔子（前551-前479）的康花子、「八仙過海」的李鐵拐等。在明清兩朝，當然對「乞兒皇帝」明太祖（1328-1398）也是大尊特尊，閣下就不要說他什麼獨裁專橫的壞話了。

穿越在古代社會街頭，交一些學費看來也在所難免了。

11 | 嚴選亂世大寶藏

 在同治二年（1863）到訪四川大渡河，有機會觀察到石達開的殘兵收藏寶物的過程。

 掘出太平天國孤軍帶走的聖庫寶物

 資料提供：現行中國法律規定「所有人不明的埋藏物、隱藏物，歸國家所有」。當然如可以證明擁有埋藏物或隱藏物的所有權或承繼權，不限於此。

 太平天國組織嚴密，軍政教合一，內裡沒有私人財產，男女老幼的收入都歸入聖庫，再由政府配合。

 《國家寶藏全檔案》

 ○ 去藏寶地旅遊可買現代紀念品
✕ 從墓穴中取走物品是不道德的

穿越去古代尋寶幹什麼？有些事不用句句講到出口、餵到入口吧？馬上為閣下精選數個古代寶藏。本社聲明：不建議取回任何當時的文物，如觸犯法律，後果自負。

I. 流亡皇朝有寶藏

誰都知道宋代商貿興盛，連海外貿易也十分發達，但盛到什麼地步呢？基本上，宋朝的國民生產總值是當時世界第一。然而隨著蒙古的強勢崛起，南宋國力呈斷崖式下滑。最後在祥興二年（1279）崖山決戰中，宋軍慘被完勝，流亡的小朝廷差不多覆滅了。

據聞戰前，宋亡三傑中的張世傑（?-1279）等率部護駕逃亡，亦帶著不少飛鈔及財寶，並收藏在廣東省對開的南澳島上，以圖復國之用（另有說法乃明代海盜吳平藏寶之地）。地方志《南澳志》也曾記錄這個流亡的小皇朝在島上曾住上 15 天，至今天仍有「太子

樓」及「龍井」的遺址。遺址附近石壁更有 35 個剝蝕嚴重、難以解讀的巨型文字石刻，極有可能是門關密碼，解其義者，石壁便會開門，信不信由你！或者回到世傑兄佈置寶藏，設置密碼之時，可看清字體。

II. 天國聖庫未發現

另一個寶藏是太平天國的聖庫，看官有欣賞過劉德華主演的《投名狀》嗎？那些亦盜亦兵的淮軍口號就是：「搶錢、搶糧、搶娘們！」同治三年（1864），曾國藩（1811-1872）兄弟吃掉了整個天京（今南京），一個太平軍活口都沒留。「三搶」後兩者基本上都做到了，不過「搶錢」卻失敗了。天國的寶藏仍是謎一樣隱藏著。

現實是當時太平軍奉行政教合一、高度集中的「聖庫」制，私人財產是不容許的。故一般相信天國是「金銀如海、百貨充盈」，再加上物以罕為貴，今天以太平天國為主的文物少之又少，都是「歸功」於清廷的無情摧毀，「價值連城」四字乃不足於形容這個寶物之珍貴。

有人說聖庫仍舊埋在南京舊城區；有人說給離開天京的翼王石達開（1831-1863）收藏在大渡河內（有傳世詩「面水靠山，寶藏其間」八字、一說是「太平山」三字）；更有說法是曾氏兄弟一貫的低調作風，嘴裡不斷叫喊尋寶以掩人耳目，現實卻是以迅雷不及掩耳的運送方式運回故鄉湖南安放，至今聖庫仍然下落不明。

及後到了抗日戰爭時期，傳聞四川省省主席劉湘（1890-1938）輾轉得到了石達開的藏寶圖，然後靜靜地派大軍去大渡河附近山區挖掘，更仔細把位置定為石棉縣境內某地山坡，但最後只發現了 3 個疑似藏寶洞穴。

誰知道黃雀在後，被蔣介石（1887-1975）派員禁止，劉湘也突然暴斃（不一定跟此事有關），挖寶一事一直擱置。有人傳聞蔣介石私吞了這些寶貝，也有人說根本沒有寶藏，大家都被石達開騙了。

即使沒有財寶，穿越回到近代大渡河，光欣賞風景或有幸與神人石達開見上一面，已是不枉此行了。

III. 曹操盜墓發大財

除了流亡政權有寶藏，帝皇陵墓也必有珍藏。帝皇陵墓的寶藏怎樣取？答案就是盜墓。

盜墓基本上是個古老行業，盜墓者還供奉了一位「老行尊」，是誰？或者諸位都未估到，就是曹操（155-220）。讀三國歷史的人都明白東漢末期朝政崩壞、群雄並起，曹操剛剛在陳留聚義時，只是一支有幾百人的窮隊伍，哪裡有錢糧？天下大亂就是發大財的好機會，機會就是盜墓。曹操喜歡盜的更是高風險、高回報的皇族陵墓。事實上，傳聞董卓（139-192），黃巢（835-884）及民初軍閥孫殿英（1889-1947）等人都曾領兵去盜墓，這便是「官盜」的起源，也是擴允武備的主要收入。

曹操之所以成為盜墓界的紅人，因為他小墓不吃，一吃就吃上了西漢梁孝王劉武（?-前144，漢高祖的孫子、漢景帝的弟弟）的陵墓。《後漢書‧袁紹傳》中這樣寫道，曹操「率將吏士，親臨發掘，破棺裸屍，掠取金寶。無骸不露……收金室數萬斤」，即曹操自己動手打破棺槨，扒出魂歸天國多年的梁孝王，更脫清壽衣、露出骸骨，居然找到黃金數萬斤，從此擴軍更為方便。從此曹操就挾著大漢丞相的名義及拿著「止暴制（黃巾）亂籌募經費」的旗幟，橫掃當

時華中的皇族墓地，後來行家都「恭謁」曹操是盜墓邪神。

IV. 曹墓被盜現報應

那麼盜墓邪神跟大寶藏有什麼關係呢？《三國志‧魏書》中曾記載，曾盜墓無數而避免惹禍上身，曹操乃提倡死後「不封不樹」和「無藏金玉珍寶」，強調自己的陵址要在瘠薄地域。民間卻持相反意見，智商高心胸狹的曹操一定是靜靜地把歷次盜墓來的珍寶，收藏在隱密的地方。

比如羅貫中（1330-1400）所著的《三國演義》，〈傳遺命奸雄數終〉一回描述曹操「遺命於彰德府講武城外，設立疑塚七十二，勿令後人知吾葬處：恐為人所發掘故地」。想發財的人主觀認為盜邪神之墓哪裡沒有寶藏的道理，盜曹操墓自此成為尋寶者其中一個大目標。

無獨有偶，清代的蒲松齡（1640-1715）在《聊齋誌異》又寫道，曹操墓在水下且有超級機關保護，「許城外有河水洶湧，近崖深黯。盛夏時有人入浴，忽然若被刀斧，屍斷浮出」。有聲有畫，簡直是科幻電影的橋段。當然上述兩部經典都是虛構小說，信不信由你！

然而在 2009 年，謎一般的曹操墓終被中國官方確認是在河南省安陽市，內裡明顯無關薄葬的理念，文物倒也出土兩百多件，包括曹操用過的枕頭。在 2018 年，經過多方鑑定，基本確定了墓中主角就是曹操本尊。同時發現墓內也有七個不同年代的盜洞，主要的金銀珠寶玉器都早被掘走，而據估計曹操的隨身佩劍也被偷去。

不過最詭異的是，墓內曹操的屍骸已在陵墓重新發現前被拖出棺槨而棄於墓室，而曹操頭顱也明顯有劍斬的痕跡，而墓內的「魏」

字也被人為破壞，或者盜墓者是劉禪（207-271）或孫皓（243-284）的後人也說不定。然而，仍是有懷疑論者認為，盜墓老前輩的墓哪會這樣容易被發現，寶物滿滿的真曹操墓仍然隱藏著。深信相關傳聞的人恐怕要當上羊牯了。

12 | 見識最強假冒案

 在光緒廿五年（1899）於武昌見證假扮皇朝最高領導人騙錢的最強把戲

 史上最有深度、膽子最大、最難以估計的街頭騙案，沒有之一。

 帶備簡易的中國歷史書，以便在圍觀食花生時求證事情始末。

 在進入二十世紀之際，各個大城市都出現華洋事物交錯之情況，而政局上清室統治已近尾聲。

 張應俞的《杜騙新書》將騙案分為 24 類，如掉包騙、換銀騙、引賭騙等，是警世之作。另有《古今騙術大觀》。

 沒有什麼手信，「花生」任食。

　　除了乞兒，另一項挑戰是街頭騙案。當中奇特及誇張的程度絕不比今天遜色。唐代張鷟（658-730）的《朝野僉載》及北宋彭乘的《續墨客揮犀》都記載了不少騙子及騙案，本社精選數個供大家參考。

I. 慢行和尚姦民女

　　北宋時，在淮南道（今湖北省）有一名出家人非常喜歡慢行，他每次上街都需要兩位小僧「扶掖」才可行走，而每走一步既要「吸氣數口」又要「瞑目」小休，一副弱不禁風的模樣，居然大受官府及大媽歡迎，眾人更追捧為「慢行和尚」。

　　然而在某年元宵佳節舉行的花燈晚會，幾位捕快大哥在一處住宅逮捕了一名強姦阿婆的疑犯，一查之下大驚，乃是「慢行和尚」真身。但見他「行步如風」、行動敏捷。可能官府害怕其名聲，只是輕罰「杖背還俗」，即以棍子拀打背脊及剝奪其出家人的身份，

便打發離開。

及後他在市區隱姓埋名，更靜靜開設了一間客棧躲藏，當街坊發現而向他當面質問時，他非常厚顏地說：「我哪有德行？只是用小計行騙罷了，成功的話其他人自然會尊重你的。」(《續墨客揮犀》：「我亦何能？但設詭以眩俗，而人自重我耳。」)事件後來不了了之，諸位前往這時段的，入住客棧前可要留神。

II. 聖龍吐水煽謀反

另一宗奇案就發生在唐高宗(628-683)時，有個叫劉龍子的「神棍」在街頭妖言惑眾。他在自己的衣袖內弄了個金龍頭，再以小羊腸圍繞著自己全身，接著再注入蜜餞水往龍頭，然後等一眾好事的街坊靠攏，一幕「神龍噴水」自然出現，當然更胡說八道什麼龍水可治病云云。(《朝野僉載》：「每聚眾。出龍頭，言聖龍吐水，飲之百病皆差。遂轉羊腸水于龍口中出。」)

一聽「聖水」可以「治病」，群眾趕緊「課金」，每次都有不少市民當上羊牯。不過，如果閣下認為「劉龍子」只是普通的騙財神棍便錯了。好戲在後頭，「神龍噴水」的「神跡」只為聚眾，背後他居然有個謀朝篡位的邪惡「大願景」。一位姦淫好色的「神棍」，官府或者「隻眼開、隻眼閉」，一位「聚眾謀反」的「神棍」很難不令朝廷好好招呼。

結局不難估計，劉龍子及其黨羽被當局以迅雷不及掩耳的姿態問斬了。因此，奉勸諸位，穿越之時還是要帶眼識人，處處謹慎。

III. 最強騙案呃天下

事實上，外來者及遊客在街道上行走，自然是騙子行騙的不二之選。普通騙子都是江湖賣藝者，扮「滾油取物」、扮「刀插喉嚨」、

扮「心口碎大石」等，然而這等伎倆得錢有限。因此大家都明白「搵錢大」膽子也要大的硬道理，於是衍生中國近代史上最牛的騙案，各位有興趣者可穿越圍爐這個趣聞。

清末劉禺生（1876-1953）著、在民國初期流傳的《世載堂雜憶》說，戊戌變法失敗次年（1899），坊間盛傳光緒帝（1871-1908）被慈禧太后（1835-1908）囚禁，但無人能夠證實。輿論一般認為皇帝離開了皇宮，甚至有說法指光緒帝逃難南方以圖東山再起。

然而，某日湖北武昌城裡一間昂貴的公館（古代高級服務式住宅）來了一名貴賓及他的僕人，他們以純正及響亮的北京話對談。主人膚色白淨，二十多歲年紀，卻是神采洋溢、氣宇軒昂；僕人則50歲左右、模樣普通，工作殷勤但說話帶有娘娘腔。

主僕兩人一般都在館內流連，很少出門。他們用膳時出手闊綽，僕人每天都以一套刻著五爪金龍的名貴杯碟端茶奉食，且都是裝模作樣地跪著呈上，那個主人還有意無意把玩一個刻有「御用之寶」的精緻玉印章，旁人還聽到左一句「聖上」、右一句「奴才」之語。圍觀者看在眼內，自然對號入座，直認他們是光緒帝及他的太監。

即使沒有社交網絡，消息還是秒速傳到地方官府，這可嚇壞了武漢三鎮的大小官紳，他們裙拉褲甩地湧到公館三跪九叩「迎駕」，爭先恐後地獻出財寶及美食，更有人奉上自家的閨女給皇帝侍寢。當然主僕二人還是來者不拒、一概接受的態度。

不過這消息愈傳愈大，連正在日本「著草」的梁啟超（1873-1929）也信以為真，來信請湖廣總督張之洞（1837-1909）「護駕」。

薑，還是愈老愈辣。張之洞就是久經官場大染缸的老薑王，一

面不慌不忙地向北京發電報求真假，一面暗暗派軍警包圍了公館。

結果一查之下，光緒帝真的被軟禁在北京，在武昌這個假光緒帝卻是一個叫崇福的伶人，曾多次進出皇宮內唱戲。他知道了一些皇宮的內幕及掌握了皇帝的生活細節，連同一個犯事被逐的真太監拿著宮內的真古玩到民間騙財騙色，在沿途小鎮橫行了一段時間。

最後，那些曾經「迎駕」的憤怒官紳恨得咬牙切齒，非要把這兩人斬頭不可。死人就不可能爆他們「認錯大佬」的糗事。這就是民初傳聞的「武昌假光緒案」。

或者諸位智破層壓式推銷的技能值可在這裡派上用場，穿越時記得使用這個辨別真偽的能力。還是那句「真嘅你未必睇到，睇到嘅未必係真」，穿越時緊記留神。

13 | 汴京天兵得啖笑

 在靖康元年（1127）觀看郭京「退金兵」的鬧劇，次日見證宋兵潰敗、汴京城破。

 汴京在3年前才沉醉於聯金滅遼的大勝利當中，宋徽宗又在運花石綱時耗資極多，迷信術數、法術之事，並不知道大禍已臨頭。

 朝廷誤信妖人、社會集體沉迷術數，見證汴京城破的關鍵時刻。

 1. 脫脫等《宋史·孫傅傳》
2. 畢沅《續資治通鑑》

 已安排首天穿宋代士人服飾，方便在城內走動；次日穿金人騎兵或貴族服飾觀察大戰，以策安全。

 野史記載說八金就可買到趙氏親王的女兒，淪為歌伎的宗姬無數。閣下就無謂加害她們了。

　　古代中國神棍很多，即使不是元末韓山童（1310-1351）那些數十萬名信眾的等級，擁有一百多名信眾的小神棍多如牛毛。比如在明代萬曆年間（1573-1620），河南有劉天緒創立無為教，自稱「皇極佛」，然後稱帝造反（當然極速失敗）。其實稱帝造反沒什麼好奇怪的，但這位人兄膽識不小，稱帝造反地點居然選在開國皇帝明太祖（1328-1398）的老家鳳陽府臨淮縣。「妖言惑眾罪」加上「謀逆罪」，劉教主的腦袋搬家少不免，但背後見到相信這些妖言的平民實在不少。汴京城破，北宋告亡，與皇帝錯信「妖人」有密切關係。

I. 宋金汴京圍城戰

　　這個靖康之難兩天團無意深入了解北宋滅亡原因，好像友社舉辦的「1914年費迪南大公被殺團」，只是著眼當中的觸發點而已。時間由靖康元年閏十一月廿四日（1127-1-8）開始到次日見證京師淪陷，主要「觀看」郭京（?-1127）上城施法由勝轉敗的轉捩點。第

一日下著雪，金人騎兵把汴京城外城團團圍困，雙方在過去衝突多場，互有勝負。大部份城牆前護城河或戰壕的外觀已不復見，四周凌亂不堪，滿佈弓箭、兵器及雙方兵馬的屍體。

閣下會從北門進入，這裡離金人營地最近，首先會見到地標——開寶寺內約13層樓高的琉璃寶塔，全塔成八角形，十分壯觀，民間稱為「汴京鐵塔」，當然並非今天所理解的「鐵塔」。附近早在幾天前樹立了3支大彩旗，更新了閣樓，看似有慶典要辦的樣子。是的，因為建築物準備為皇上親臨與大家慶祝戰勝及檢閱金人戰俘之用。很諷刺吧！城內宣稱有8萬軍隊，除禁軍以外，還包括僧侶、大族的壯丁、保甲（後備役）等，同時亦有不少迷信之士以彩繪紋身，自號「六丁力士」或神兵天將守城，氛圍十分末世。

首天金兵攻城前士氣大振，鼓聲撼動，勇猛地從多方面架起火梯攻城，宋軍守城軍隊則以竹竿推開火梯，矢石、木櫃如雨掉下。宋軍持有城牆保護，激戰多時，雖傷亡人數較金人為少，但元氣大傷。

接著閣下會看到金人在休戰時，會派員前來城牆前戰壕收屍，相反，宋兵軍民屍體則曝屍荒野和城牆下，見者心酸。宋欽宗（1100-1161）仍在內城則久未露面，亦沒有早前親身激勵士氣的舉動，城外援軍未到，城內人心不穩。

II. 郭京的神棍部隊

到了次日，閏十一月廿五日，大風雪仍然，男主角郭京出場了。郭京是誰？他原是個上了年紀的普通小兵，聲稱懂氣功，具義和團式的刀槍不入功夫，又曾煉丹藥云云，亦有人稱他為陰陽術數的使用者。

《續資治通鑑》指郭京及其伙伴使出數個小魔法，稱可用於生擒金兵主將，六神無主的朝廷又深信不疑，因此「命以官，賜金帛數萬，使自募兵，無問技藝能否，但擇其年命合六甲者」。朝廷封了個武翼大夫的軍職，命令他私自找部屬，郭神棍成立了一支無技藝的 7777 人團隊，就是只看生辰八字是否與六甲法相夾便拉雜成軍了。

事實上，初中教科書都說了汴京的中央禁軍理論上是最強的，官員也不可能對金人零防範，估計所有武備都在這裡「亮劍」。但之前金人已擊敗河東、陝西的勤王之師，汴京附近也無險可守。兵臨城下故亂押注神棍派人守城，是為朝廷上下篤信術數，民間也普遍認同迷信怪力妖術，此為第一次錯失了延遲滅亡的機會。

然而，牛吹太小還可能有人懷疑，牛皮吹大了，人家反而覺得你是奇才。郭京指：「擇日出兵三百，可致太平，直襲擊至陰山乃止。」（《宋史‧孫傅傳》）即是說，7777 人團隊他都不需出動，只派 300 名士兵不單可以守城，更可以破敵，甚至可以殺去金人的老家。曾經有官員提出異議，郭京可以用，但其他戰術也可以用呀！怎可以把京師的全部希望放在一個神棍身上？但皇上及大臣都覺得可以一搏，忠言又怎會聽得上。

III. 妖妄誤國京城破

這天接戰之時，閣下先會見城牆上掛了一些大道旗（可能是陰陽太極）飄揚，然後宣化門大開，過往只是在城上唸經的郭京及其7777 人團隊終於出動，郭京自己吹噓道教「六甲兵法」及佛教「毗沙門天王法」要出招了。但先要條件乃要求過往在城牆上的大宋守軍全撤，更得意地說：「神兵哪有那麼容易給你們凡人看到，看了

就不靈了。」軍民退去，這是城牆上大宋軍民再錯失了一個彌補錯誤的機會。郭京也拉上宋欽宗親寫手札招入京勤王的張叔夜（1065-1127）上城牆做替死鬼，以推卸責任。

郭京在城牆上作法，配合其部隊陣法出城應戰。閣下可要看清楚啦，因為金將完顏宗望、完顏宗翰的軍隊秒殺了 7777 人團隊。《宋史‧孫傅傳》指他們：「墜於護龍河，填屍皆滿」，可以推斷他們一出城門就慘被屠殺，死在護城河內外。郭京見狀，謊稱要下城作法卻屁滾尿流地逃跑了。

接著海量的金軍由宣化門擁上登城佔城牆及城樓，城內軍民還等待戰勝的消息，城下守軍根本來不及反應，以為還有神跡在後，直至城牆上插上一支支金人的黑旗。

記得身穿金人服飾的閣下千萬別急於衝入內城，當時金人雖然上了城樓插旗，但細想剛才數千人古古怪怪，且不知內裡底蘊，故加以等待。須知道一個百萬人口的大京城，有著十萬八萬名伏兵絕非出奇。

事實上，當時裡城及皇宮尚未被佔，城內宋軍主力未潰敗，內城仍未被攻破，皇室與徽欽二宗仍在皇宮內，如果眾志成城還是可以打上金人玩不起的持久戰。宋人又一次錯失了避免（或延遲）慘劇出現的機會。

然而，宋軍很快自亂陣腳，棄甲爭相逃命，更有互相攻伐的情況。金兵馬上縱火毀城兼隨意斬人，最後攻入內城。同日全城淪陷，徽欽二宗、皇族、大臣等被俘往北方，他們的下場就不多提了。

汴京天兵得啖笑，但是笑中有淚。

旅遊項目風險評估

旅遊項目	風險指數（1—10）	
10. 乞兒迎新營		6
11. 亂世寶藏發掘團		3
12. 大破騙案智囊團		4
13. 天兵傾國神劇團		8

D

禍從口入篇

生存於各種古代黑暗食材及各項煙酒或濫藥當中。本篇適合厭倦與美食談戀愛的人、古代食評家、稀奇古怪食物愛好者、需要戒煙戒酒的穿越者。

14 | 惡夢纏身黑料理

在皇祐二年（1050）於汴京大街品嚐各種美食，包括暗黑料理。

在繁華亮麗的盛世，見證「民以食為天」的極端例子。

1. 非必要的殘殺動物必遭報應，惡夢纏身。
2. PG 家長指引：以下節目或需由家長及成人陪同兒童觀看！

如果閣下是個吃貨，只有一次穿越過去的機會，北宋時期的汴京是不二之選。想品嚐暗黑料理，就要看閣下的運氣及錢財了。

1. 李岳瑞《春冰室野乘》
2. 姚元之《竹葉亭雜記》

○ 食物本身難以穿越，宋朝飲食界有名的乃外賣盒——溫盤，溫盤有上中下三層，中層是空隙可倒入熱水保溫。整個溫盤可放外圍的「食盒」以便攜帶。

古語謂：「富貴之時，窮極滋味，暴殄過當。」意即在富貴之時，往往食遍天下，非常講究味道，即使浪費也無所謂。

首先，本社會安排諸位到達北宋首都汴京，推薦一間既浪漫又新潮的「孫羊正店」，廚師會在閣下面前親自烤羊肉，猶如今天的鐵板燒。如果閣下不參加暗黑料理團，就在這裡用膳吧。

如果閣下不單喜歡食野味（食野味是犯法的），直覺喜愛極端食材，「機會來了，飛雲！」是次暗黑料理之旅絕對不會令閣下失望。

I. 中外皆有黑料理

貴價食材當中不少食物歸「暗黑」類，即不能見光、冷門、邪惡的。暗黑料理，即食材、口味及烹調方式都是偏門的、殘忍的或不合乎人性的食物。好此道者可瘋狂品嚐，人道主義者應避而遠之。

公平點說，歐洲也有暗黑料理。英國人就有燉麻雀燒孔雀、海豚小麥粥、燴烏龜肉等黑菜餚，單看名稱也食指大動了吧？至今大

英圖書館仍有收藏中世紀燒烤獨角獸的菜單。不過比起中國人對食品的嘴饞、選材的「偏門」及煮法的「創意」，外國人那些都是小菜數碟罷了。

回顧歷史，先秦時期無玉米、無葡萄、無西瓜、無蔗糖，就算是名菜「火烤乳豬仔」也只有在一年一次的祭天時才出現。《呂氏春秋・本味》篇說：「肉之美者：猩猩之脣（猩猩的嘴脣）、獾獾之炙（獾獾鳥的腳掌）、雋觾之翠（燕子尾上肉）、述蕩之踤（已絕種野獸「述蕩」的手腕肉）、旄象之約（旄牛的尾及亞洲大象的鼻）……」

當然這些最美味的肉，都已經或近乎絕種，而相比之下熊掌真是小巫見大巫罷了，看來年代久遠，孟子先生（前372-前289）都不曾看過這些寶貝，否則〈魚與熊掌〉一篇應改為〈魚與獾炙〉吧。

不過真正的暗黑料理普及是在清代左右才開始，民間以漢滿蒙等的煮法加入罕見的食材，造出一碟碟顯示尊貴、罕有的餚菜，如各款「滿漢全席」。

II. 殘暴變態是名菜

《春冰室野乘》是清末民初學者李岳瑞（1862-1927）的掌故筆記，記錄了清代皇宮的軼事，當時在民初上海的報章《國風報》連載，極為哄動。其中一道是介紹慈禧太后（1835-1908）喜愛的名菜：八珍之一的「猴子腦」。

這個變態的食法是首先要在桌中開一小洞，把活生生的猴子頭在小洞中固定。然後用小鎚將猴頭顱硬骨擊破，再注入一匙熱油，挖出軟組織食用，據說入口即融、甘香無比。當然被吃的猴子慘叫連連、慘痛斃命。

另一道變態名菜是「生炒活驢絲」，單是聽聽名字已覺噁心。清代士子姚元之（1783-1852）的《竹葉亭雜記》記錄有位山西官員喜吃驢肉，「若傳言炒驢肉絲，則審視驢之腴處，到取一臠烹以獻」。即指示大廚在活生生的驢的腹部直接割下一小塊肉炒來吃。驢子活蹦亂跳加上面容扭曲，而進食者可以一面進行又一面欣賞這個「痛苦把戲」。

然而，更變態的在後頭，「驢到處血淋漓，則以燒鐵烙之，血即止」。即是驢兒身上鮮血如噴泉，就以燒紅的鐵板烙之止血，以防驢子流血不止。因為被吃掉小部份肉的驢子，第二天還是帶著傷口繼續勞動，簡直是「可持續發展」的古代變態版。

此乃附加項目，有興趣參加的團友，可自行聯絡本社職員了解詳情。

III. 團友經歷大分享

名菜 Z：完成暗黑旅程的團友回來分享心得，以下是他與北宋汴京一間酒樓的小二對話。

食客．「小二，有什麼野味介紹？」

店家：「客官，你想吃什麼？」

食客：「我乃首次嘗試，有啥一試難忘？什麼是本地才能嚐到的『名菜』，好讓我回去跟朋友炫耀？」

店家想了一想。

店家：「諾！客官是外地人吧？那試試『三吱兒』啦！食法乃廣東那邊傳過來，材料都是汴京獨有的，包好吃的。」

食客：「『三吱兒』是什麼？是否安全？我怕拉肚子。」

店家：「半兩銀（宋代一兩銀可買約五斗多米糧），保證好食。要麼？」

食客正在猶豫之際，店小二已拿出一對熱騰騰的燒紅鐵筷子，一碟有蒜頭和豉油的醬汁及一小碟以袋子覆蓋的東西出來。

食客有點無奈答：「好啦！試試吧！」

店家：「拿著鐵筷子夾出一個吧。」食客不知夾什麼，但仍照做，只聽見「吱」一聲叫。

店家：「這是第一聲，怕就別望！別放下，然後再蘸少少豉油。」又聽見「吱」一聲叫。食客心裡仆仆地跳，但無意偷望，感覺到夾上的東西有些顫抖。

食客：「是蟲子嗎？是螺肉嗎？」

店家：「慢慢放入口中吞下，小心鐵筷子太熱。」食客照做，先是有醬汁的味道，再感到有小東西在口中振動，他一咀嚼，汁液在口腔爆出，感覺像食了涼掉的小籠包，隨即又聽到「吱」的一聲。

店家：「剛剛三聲都聽見了？『三吱兒』就如此，剩下的你自己慢慢嚐吧。」

食客拿開袋子，但見有十多二十隻剛出生的細小老鼠互相依偎著，整隻呈粉紅色，全部未開眼……大約是閣下祖母的祖母的藥酒內沉浸著的可憐小生物。但食客就沒有進食剩下的了。

此菜嚐的不單是未開眼的小老鼠，罕貴乃是在嚐到代表新生、柔弱、純潔的三次「吱」聲，「三吱兒」即如此。

太重口味了嗎？暗黑玩不了，灰色料理還有很多。早在唐代時，嶺南地區的食物及烹調方式由貶調的官員傳回華中，讓士子對

新奇玩具開開眼界。比如韓愈（768-824）起初不敢接觸的蛇羹、元稹（779-831）很喜歡吃的「火烤紫蘇竹鼠」，還有紅燒果子狸、清蒸箭豬肉等等，發展到宋代已變得十分普遍了。

閣下自行決定是否嘗試任何野味或「暗黑料理」，本社不負相關責任。惟該等料理受季節、食材、營運酒樓及廚子等因素影響，貴客請自行承擔費用及健康風險。

15 | 一嚐仙丹慘升仙

 在建元三年（前138）隨東方朔及方士尋找長生不老藥，地點是傳聞中的東海到北極一帶。

 漢武帝是上古時期最強的中華大帝、華夏文明的奠基者，獨專儒術是其任內主要的意識形態。

 見識了丹房的豪華度，等待仙丹完成品出現。

 東方朔《海內十洲記》

 1. 企硬！Take 五石散衰硬。
2. 吸煙危害健康，向呂宋煙說不！

 ○ 購買最古老、最漂亮的鼻煙壺作為紀念
× 任何早期草煙

衛斯理科幻小說《不死藥》，講述在某個神秘島嶼上有一種植物可以提煉成不死藥，該藥力有抗衰老、癒合傷口、消除痛楚等效能，可是藥一停用馬上一命嗚呼或變做白癡。不論真偽，從殘暴成性的秦始皇（前259-前210）到君臨天下的唐太宗（598-649），天子都對不死藥有執著的沉迷。

I. 精神爽利索一索

事實上，閣下在穿越到魏晉南北朝時期也不難找到這種「不死藥」：五石散，特別是在魏晉到南朝初年「無需憂柴憂米」的士子間流傳。皆因其時古代士子面對官場的沉重壓力，在九品中正制下，階層及門閥出身已決定了你一半的前途，餘下的就要看你的人脈及樣貌。

受壓抑的士人會有失眠、焦慮、驚恐症的情況，其時減壓的方式不是購物狂、不是暴飲暴食、不是欺凌朋輩，而是吸食五石散。說穿了，類似「隊草」、濫用興奮劑的一種。索一索（可能並不是我

們認知可卡因式的「索」），精神爽利，快活過神仙，得咗！

　　史載首位「隊草達人」是何晏（?-249），他是三國時期超級奸雄曹操（155-220）的養子。《世說新語》載「魏尚書何晏首獲神效，由是大行於世，服者相尋也」。這位花樣男何先生的「神效」是陰柔俊秀、皮膚白皙，卻又神清氣爽，大約是曼谷娜娜區俊美「人妖」的模樣。隨後更成功化身五石散的代言人，結果宣傳「大行於世」，市場推動成效奇高，追隨者更贈送了「傅粉何郎」的外號給他。

　　不過，何晏在中年時已具有慢性中毒的特徵，容顏極速衰老殘敗，但他不斷以老莊的「無為自然」為藉口，又以「聖人無累於物」等廢話辯護。上層社會仍然對此趨之若鶩，表面上說什麼促進血液循環、提神補血，私底下都是為了「壯陽」兩字而來。

　　可是，何晏長期濫藥最後成了「失心瘋」，由美男變成道友，當時人形容他為「容若槁木，謂之鬼幽」。又槁木、又鬼魂，倒是嚇人的，結果這個濫藥風氣在南朝中期慢慢衰落。可見長期服用實在可以升仙又升天。現實是連晉哀帝司馬丕（341-365）也是服食五石散而身亡的，因此閣下穿越之時就不要升仙或服用「壯陽藥」。

11. 尋仙煉丹一場空

　　另一派則以術士煉丹為主，如秦代的徐福、盧生等人，可說是最早的「濫藥 KOL」，到了唐代時煉丹術到達頂峰。諸位應知道隋唐時期社會包容性強，這些儒道合流的術士，傳揚「陰陽五行學說」，對仙山、仙人、仙物及長生不死藥深信不疑。比如唐代藥王孫思邈（541-682）寫的《備急千金要方》認為，仙人是有模有樣（或者像漫畫《龍珠》內的龜仙人），同時住在人煙稀少、雲霧繚繞的名山之中。

當然，在今天找到仙人的機會是近乎零。其實仙人哪會吸風飲露，為了「生活費」還是要煉仙丹的。換句話說，閣下在穿越後見到仙人，除了拍照打咭，很大機會被勸說需要購買仙丹，吸食當然可免，當個交流團體驗也不錯。

可是，仙人或仙丹可以在什麼地方找到呢？比如閣下穿越時見到「丹房」就要留意了。所謂「丹房」，類近道教的道觀。漢武帝（前156- 前87）時東方朔（前154- 前93）撰寫的仙書《海內十洲記·崑崙》說明了丹房的豪華度：「碧玉之堂，瓊華之室，紫翠丹房。」大約是上世紀七十年代亞視武俠電視劇的模樣：高牆厚壁、四周刻有符咒或陰陽八卦的木柱，四周設有備用的礦銀、紅銅、黑鉛、硫磺等礦產品，當然還有各式各樣的奇怪器具（如祭壇、丹爐）來煉丹，應該都是煙霧瀰漫、疑幻疑真的光景，然後有幾個守著師父（仙人？）練功的持劍小兵，突然仙丹煉出了。東晉著名煉丹家葛洪（283-343）煉製出來的藥物，就有密陀僧（一氧化鉛）、三仙丹（氧化汞）、「金丹」等多項外服藥品。

不過，此等具重金屬的神丹服用後會令人手腳發青、牙齒鬆軟及頭髮脫落，如果有以上徵狀，所謂「病向淺中醫」，千萬別延誤醫治。這個風氣到明代時仍盛行，明代數個皇帝亦與服用丹藥而升仙有關，如明光宗（1582-1620）服食仙丹紅丸便暴斃（明末三大案之一的紅丸案，其餘兩案是梃擊案、移宮案）。有關神丹，再向諸位奉勸一句：「不可一，不可再！」

III. 無煙可抽便戒煙

諸位穿越人士注意，古代是不禁煙的，也無煙可禁。在明代之前基本上沒有煙草生產，因此也是諸位戒煙的大好時機。順帶一提

的是，香煙最早出現在萬曆年間（1573-1620），從菲律賓輾轉傳入到東南沿海，時人叫「呂宋煙」，也音譯為「淡巴菰」、「擔不歸」或「相思草」等，後來煙草移植到福建漳州、泉州等地培植。但估計產量不多，故是南方部份有錢人炫耀的玩意。到了清朝時才在全國的貴族及士人之間流行，當時也有鼻煙及鼻煙壺的出現。

及後，外來類近今天的商品煙要到光緒年間（1875-1908），才在上海租界區找到其身影。土炮捲裝香煙則是光緒廿八年（1902）由北洋煙草公司的「龍珠牌」才生產。因此，崇尚「飯後一支煙，快活過神仙」的穿越朋友，穿越過去可謂是戒煙的黃金期。（鴉片煙又是另外一回事，別混淆！）

穿越時即使多麼沉悶或寂寞，還是別向仙丹、不死藥及香煙當中尋快慰。

16 ｜變態的軍隊口糧

在乾符六年（879）到任何黃巢大軍經過的地方，如廣州、長沙、泉州等，了解變態軍糧的製作。

成為「兩腳羊」進入「黃巢機」的歷史見證

1. 觀看危險度：極高。
2. 食用非道德食材所造的食物必遭報應

唐末民變四起。其中以黃巢為禍最烈，擾攘達十年，流竄大半個中國，更曾攻陷洛陽及在長安稱帝。

莊綽《雞肋編》

○ 無添加的燒餅及已風乾的大漠牛肉十分可口。自奉可以，食物就無謂穿越回來。

在繁華盛世的古代大城市沒有當今形式的連鎖快餐店，填飽肚子殊不容易；碰上天災戰禍時，更有哪個地方會有剩餘飯菜呢？嚴格來說，除了在皇宮，食物比較充實的團體就只有中央的軍隊，其實向軍糧打主意也是個不錯的選擇。

自秦漢以來，士兵一般只食兩餐的，早飯（約半斗小米）的份量比黃昏飯（約三分一斗小米）為多；而第一餐叫「朝食」，約早上六時左右便食；第二餐名稱就一個「食」字，約下午六點左右進食，晚上就絕對不可能食任何東西。到了繁榮的宋代，市民開始有每天吃三餐及小吃的習慣。

I. 先秦有營小米粥

根據西漢《鹽鐵論》的記載：「一馬伏櫪，當中家六口之食，亡丁男一人。」即一匹戰馬的食糧（把小米混在草堆內）就等於 6 位成人的份量，馬的消耗量可能會令一名男子缺糧而亡，故此戰爭時

期缺糧就更嚴重，缺糧時就別要揀飲擇食了。

事實上，先秦時期的人民煮食還可以，已懂用明火煮粥，卻不是今天以米飯煮的粥，而是煮無味但飽肚的小粥。因為當時士兵行軍的炊具都是陶器，故只適合煮粥熱餿，有時會加入在路上採摘的各種野果及野菜，當然長官或貴族就可以加入少量肉類。味道大約像今天有「餿味」的白粥，異常難食。大約在東漢左右才有熟悉的味道：肉羹（燒焦版）。

到了唐代中期開始，華中地區開始種植小麥，不過當時的人多是把不脫殼的小麥煮熟作「麥飯」，用者食後十分飽肚，極端無味加超級難消化，諸位一定要避開。事實上，到了上世紀三十年代，在中國陝北的紅軍，也是強調「小米加步槍」，直到今天小米仍是華北一帶的主糧。

II. 古法製豬柳漢堡

小米粥食不慣？到了宋代經濟發達，食肉的機會比唐代為多，加上胡椒等香料的傳入，不同的市井雜食相繼出現。鐵鍋的使用即代表軍隊可以熬湯和煎肉。當宋軍在駐紮時，軍營內造麻餅配鹹肉或臘腸火在一起食，可以說是最早的中式漢堡包，但閣下身為食評人，自然懂得夾入一塊斗大而剛剛煎熟的杭州「東坡肉」，當豬肉上的油加醬汁混在口腔內，味蕾也不得不投降，也許文字也形容不了這美味。

到宋代時，軍隊也開始攜帶燒餅和大餅作為乾糧，有時或有簡單的酒或茶來「勞軍」；當然不要忘記宋代軍隊有禁軍、廂軍的等級，低級士兵的膳食自然較差，穿越時就要注意了。

III. 方便大漠牛肉乾

不過在同一時期，北方各個習慣狩獵牧羊的民族如遼、金、蒙古、西夏等，主要的口糧是改良了風乾的羊肉或牛肉（古代來說，牛肉比較罕貴，而羔羊肉較便宜和普及，有說法指是「代罪羔羊」一語的來源）。這個可持續發展的方式運作，就是把牛隻屠宰後風乾一整年，然後再把牛肉乾都塞進風乾牛膀胱，內外俱香，拿起這個美食「手飾箱」，就可以遊歷各個大草原。再者，當時流行攜帶穿孔燒餅，士兵可以背一串餅配以牛肉乾一起食，非常適合懶人。

IV. 終極軍糧「兩腳羊」

在一般的城鎮，豬牛等肉食供應極少，較窮困的人則食狗肉、野味為主，貴族士人多可以嚐到羊肉；而他們吃的羊乃四腳的，但有一隻羊乃是兩腳的，外號「超級隱藏軍糧王」。那實際上是什麼呢？

南宋莊綽（1078-?）在《雞肋編》指出人肉統稱「兩腳羊」，而且有不同的等級。當時記載最難食的是又老又瘦的男子，戲稱：「不要花柴火」（饒把火）；小孩煮起來則骨肉難分（和骨爛）；最好吃是剛發育的十月芥菜少女，菜名叫「不羨慕食羊肉」（不羨羊），連李時珍（1518-1593）的《本草綱目》也說了「古今亂兵食人肉，謂之『想肉，或謂之兩腳羊』」。

想試「兩腳羊」，回到唐末就對了。恐怖大王黃巢（835-884）流竄全國，攻城掠地，「黃巢殺人八百萬」不單是都市傳聞，更有史料證實。死了，可便宜了你。《舊唐書・黃巢傳》就曾記載黃巢大軍「俘人而食，日殺數千」，即每天食掉數千名戰俘，兩腳羊還是陸續有來。「滿城盡帶黃金甲」的壯觀場面都是黃巢自己吹噓而已。

唐末沒有毒氣室，哪有什麼器具可以機械化地大量宰人呢？《舊唐書‧黃巢傳》稱：「賊有舂磨砦，為巨碓數百，生納人於臼碎之，合骨而食」；《新唐書‧黃巢傳》也稱：「糜骨皮於臼，並啖之。」簡單來說，大軍把戰俘或男女老少的平民投入一個個巨型的碓臼，也稱「黃巢機」。然後連肉帶骨碾碎，出來一堆堆的肉醬，是否「配熱飯」而食就不得而知了，簡直是某連鎖炸雞店的無骨雞塊人類版，據說恐怖大王這隊魔軍 6 年裡就食了 50 萬人，膽小者避開為妙。

本社的「兩腳羊」試食團風險特高，嘗試與否，自行決定。一般穿越保險不包括在內。在弱肉強食的異世界裡，實力與道德是成反比的，古今俱是。

17 | 醉酒無命失理性

 在同治十二年（1873）於山東菏澤縣參與一場開懷暢飲的聚會，某酒局正在爆出一個驚天大秘密。

 十九世紀末，捻黨在華北一帶聚眾起事，清廷多番圍剿失敗。

 真正警惕閣下的戒酒之旅

 陳藏器《本草拾遺》

 水壺以盛飲用清水、解酒神器葛根花；自備酒具不用青銅器。

 ✕ 任何酒
○ 可能解酒力更大的古代葛根

　　酒，的確可以亂性；酒精可以令人放鬆、釋懷、壯膽，酗酒則影響判斷力。不論微醺到酩酊，輕則傾家蕩產、身死族滅，重則令皇朝覆亡。

I. 酒器酒具皆有毒

　　《詩經》內有不少作品都指出殷商政治腐敗是「酒池肉林」式的享樂所造成，當中「肉林」是否等於「慾林」就不得而知了。但飲酒（即酗酒份量）的因素比縱慾更重要。周武王（前 1110 - 前 1043）登位後曾發佈《酒誥》，嚴禁周室飲酒，免重蹈亡國災難之覆轍。

　　然而，外國有科學研究指出酗酒者的大腦比正常人小兩成，當中可能與中毒有關，有說法指毒是來自盛酒器皿而不是酒本身。當時商殷的青銅酒器有高濃度的鉛毒，比銅、錫、鉛都高，而鉛毒較易溶於酒內，結果酗酒者就會慢性中毒，會有癡呆、記憶力衰退、狂躁等徵狀（基本上商紂王都有！），嚴重的就成為地府酒鬼。

　　由於安全考慮及配套落後的關係，本社不設先秦時期的穿

越團。

II. 酒精害人爆秘密

喝多了吹幾句牛皮是可以理解的,「酒後吐真言」的說法也是真的,但喝多了扮糊塗而非真糊塗才是最高的境界。劉備(161-223)就做到了!

《三國演義》第二十一回〈曹操煮酒論英雄〉內提及,某天曹操(155-220)派猛將張遼(?-222)和許褚(?-230)把正在後園種菜的劉備硬請去喝酒:「盤置青梅,一樽煮酒。二人對坐,開懷暢飲。」「暢飲」或者是真,「開懷」一定是假。別忘記酒伴不是別人,而是奸雄兼盜墓王曹操,閣下當然別飲醉,醉了也要死撐,什麼吐真言的規則也不用理會。

低調潛龍的劉備當然明白這個道理,當他被問到當今天下英雄有誰,只是冷靜地提到袁紹(154-202)、袁術(155-199)、劉表(142-208)等不相干的人,最後連馬騰(?-212)、張魯(?-216)等的「非玩家角色」也計入,即使「酒至半酣」也清醒地對自己及曹操絕口不提。可見酒醉扮糊塗才是最可觀之處。

然而,姑勿論《三國演義》的內容多少是真實,多少是虛構,「煮酒論英雄觀摩穿越團」仍在籌備中。不過,吹幾句牛皮意外變爆大秘密,更惹來殺身之禍的可多,例子是清代中葉時期,山東菏澤縣某個小鎮酒館,一個開懷暢飲的年青人大吹牛皮,誰知惹來凌遲之禍。

一樣「酒至半酣」,大家也在吹噓賭場的運氣、歡場的福氣等。突然一名喝多了的二十多歲青年說:「我十六歲那年殺了僧格林沁!」說這話的是渦陽北張樓村人張皮綆(1849-1873),接著酒館

陷入一片死寂，捕快馬上隨告密者湧到。

僧格林沁（1811-1865）是誰？此人乃大清世襲的蒙古籍貴族將領，俗稱「鐵帽子」，曾參加平定太平天國及英法聯軍之役，及後在山東一帶剿殺捻黨（民變），但在山東曹州農郊，僧格林沁反被起義軍重重圍困，突圍不成，卻被當時很年青的捻軍小兵張皮綆識穿及斬殺。

《清史稿》卻美化了這事件：「夜半突圍亂戰，昏黑不辨行⋯⋯從騎半沒。僧格林沁抽佩刀當賊，馬蹶遇害。」正史力陳僧格林沁這位「蒙古勇士」乃「最後武士」，當然沒有提及那個叛軍小兵。消息傳回北京，慈禧太后（1835-1908）更親往他的府中拜祭，更下令要加派捕快去緝拿兇手報仇，想不到居然是「兇手」酒後自爆秘密才得以成功「緝兇」。

結果還是「酒精害人，爆秘密前咪飲！」張皮綆被凌遲處死，官方以「遣官賜祭一壇」告終。據說山東當時還流傳一首民歌：「張皮綆，真正強，麥稞地里殺僧王！」

酒精害人，古今皆是，當心真話隨時變遺言。

III. 解酒有法別痛飲

事實上，從先秦到元朝，酒都是沒有蒸餾的，酒精度數相對低，不過狂飲仍然會死人。誰都知道即使出身在現今吉爾吉斯的「詩仙」李白（701-762）好酒，連教科書內收藏其作品都是關於詠酒、飲酒、和誰飲酒。據《舊唐書》記載，李白流放雖然遇赦，但因途中飲酒過度，醉死於宣城，「度牛渚磯，乘酒捉月，遂沉水中」，即是溺斃，然後民間幻想了「太白撈月」這成語美化及紀念他。本社建議諸位在隋唐時候，以酒的清濁去分辨自己是否合適，清酒不

甜、酒精濃度高、易醉；濁酒較甜、酒精濃度低、不易醉。

然而，解酒還是有法的。唐代醫師陳藏器（681-757）的《本草拾遺》提示，葛根「蒸食：消酒毒，可斷谷不飢」，可見葛根既有解酒功效也有治飢餓的神效；北宋的《開寶重定本草》亦載：「作粉：止渴，利大小便，解酒，去煩熱」；方法是把鮮葛根搗爛榨汁，可快速醒酒；同時對胃虛熱渴，止酒毒嘔吐有效。自宋元起，一般的涼茶舖都可以買到這些解酒藥。

IV. 可憐酒鬼醉凡間

再者，干寶（286-336）的《搜神記》記載東漢初年，東萊郡有間釀酒的家庭式酒家。某天遇到 3 名奇怪的客人來喝酒，「飲竟而去」，「去」即離開了，言下之意就是沒有付錢。不久，有街坊焦急地走來說：「見三鬼酣醉於林中」，即原來醉在森林中的 3 名怪客居然是地府的鬼。

事實上，民間傳聞指地府沒像樣的酒，味道像糞水，所以不時有酒鬼偷來凡間大飲特飲。紀曉嵐（1724-1805）的《閱微草堂筆記》記載曾有鬼飲光村民自釀的酒被憤怒的村民毆打，沒感覺的鬼化成一團黑煙逃走。閣下若想穿越時撞上真的「醉酒鬼」，本社可代為安排，後果自負。

穿越時莫醉，出發前咪飲。

旅遊項目風險評估

旅遊項目	風險指數（1—10）
14. 黑暗料理團	6
15. 不死仙丹尋蹤	3
16.「兩腳羊」試食團	9
17. 酒後真心大冒險	7

得意忘形篇

在古代無樂不作、夜夜笙歌的大城市旅遊，是為頹廢的穿越路線為主。本篇適合文青、宅男、愛派對熱鬧人士及首次穿越者。

這次會先為大家介紹，古代結良緣的技巧及要求。想「脫毒」「出 pool」的你，本篇內容不可錯過！

定必修成正果

有我媒婆出馬

這次旅程會帶大家到大宋吃喝玩樂，逛各大酒樓，品嚐美食同時結緣～

好像現代的夜市

很令人意外

真的很熱鬧

隋唐以前，城市大致上是宵禁的，自兩宋開始開放夜市，當時的商業開始發達，除酒樓有各式各樣佳餚美酒，更有外賣。

投壺

這個我不在行

看我帥氣的投球

水射

接著會帶大家來古代的青樓，可別和妓院搞混啊！

古人喝酒時也有玩些小遊戲，想在酒吧上破冰，定先要了解其玩法～

最後大家都吃飽玩夠後，我們穿越到唐代，看影帝唐宣宗的演藝生涯。

18 | 良辰佳期誓脫單

 在乾隆四十一年（1776）於繁華的蘇州城觀察心儀對象的起居飲食

 清代蘇州是天下四聚之一，各種交易活動繁多，也是文人雅士最愛的出遊城市，庭園建築以精緻典雅為主。

 女子應以古代港女的行為引以為鑑／男子可一圓「脫單」夢。

 1. 兩性學權威《男女大不同》
2. 金學詩《牧豬閒話》

 族譜（方便「對親家」用）、愛情或／及金錢。

 愛情不能購買，想以愛情作手信。請翻去守則 21，青樓妓館不去錯。

傳聞兩千多年前，治水神人大禹哥忙於在各地疏通水患，及後更揀了個帝位來做，工時長，故他與塗山氏結婚時年過 40 歲，在古代來說乃極度遲婚。閣下自問沒有大禹哥的地位，同時對地區沒什麼重大貢獻，已值婚嫁之年仍一心想回到過去來「脫毒」、「出 pool」或逃婚等，可算是找對了門路。

嚴格來說，古時候單身率極低（但光棍總會有），且流行早婚及早生孩子，同時又講求父母之命及門當戶對，所以「單身狗」在當時便成國寶級的稀有動物。那麼具體來說，穿越後的各位男團友可以怎樣「脫單」或「脫毒」呢？

I. 天時地利要掌握

所謂地利，《淮南子·地形》篇指出一個道理：「山氣多男，澤氣多女。」簡易來說，居住地近山則少女多男，近海則多女少男。雖然沒什麼科學根據，前輩的經驗姑且要聽，建議穿越時可以考慮

多降落在江南地區吧。再者，天時乃是指當時朝代之政經情況，比如四海昇平，「單身狗」成家立室的機會自然增加。相反，兵荒馬亂之時，男丁都很大機會被「拉壯丁」去戰場，其時首要難題乃「保命」而非「脫單」，是謂天時也。

天時也表現在社會氛圍，《宋書》指出「女子不嫁便是罪，家人連坐」，結果在女家恐慌與男家歡樂交雜的感受下，適齡女性的供應倒是十分多的。不過，家僕蓄奴是不可以結婚的，諸位就別天真相信《唐伯虎點秋香》的情節了。

II. 人和乃媒妁之言

事實上，兩宋時開始增加對女性在生活上的限制，如纏足、禁足、遵從三從四德等。到明代時更有「男年十六、女年十四以上，並聽嫁娶」之說法，當中的「聽」，當然是聽從「父母之命、媒人之妁」。「父母之命」當然符合門當戶對之原則，「媒妁之言」即撮合男女雙方的中間人的推薦好說話。

然而，在講求「門當戶對」的舊社會（特別是在魏晉南北朝），如果男方到了 20 歲不娶，就是「渣男」級數，難以找到「得體」的大家族肯將女兒嫁給你。相反，女方到了 18 歲不嫁人，也是「盛女」程度，難以配上富貴人家，極有「攝灶罅」的可能，皇親國戚當然除外。

另外，社會上覺得「男方無媒不得妻，女方無媒老且不嫁」。如果過了適婚年齡而男未娶女未嫁，官媒就有權要求你解釋因由。所謂「有錢使得鬼推磨」，花得起錢自然可以叫媒人多作推廣，結果女貌不一定男才，「單身狗」仍可以「像孩子一般倚賴人」，即使是今天的「百毒神君」，穿越古代亦極大機會可以成功「脫毒」。

III.「脫單」要成績暴升

想「脫單」吧？請問閣下的成績好嗎？「唔准諗，即刻答！」這就是平常媽媽輩所說「讀好書你驚冇女朋友？」的偉論。古時也一樣，原來每年科舉放榜之時，有不少富商官紳在黃榜旁招婿，即所謂「榜下捉婿」，希望女婿的基因有保證。宋代有個叫韓南的書生剛中進士，秒速便有人飛出來提親，他幽默地回了兩句：「媒人卻問余年紀，四十年前三十三」，引起哄堂大笑。

另一方面，看透世情也是「斷、捨、離」的生活方式，亦可以同時「脫毒」，把無用的玩具、書籍捨棄，才有望抱得美人歸。宋代沈括（1031-1095）的《夢溪筆談》記載北宋詩人林逋（967-1028）不忍放棄種植梅樹及養鶴，決定終身不娶，世稱「梅妻鶴子」。

IV. 自由戀愛要大膽

諸位還記得「尾生抱柱」這個莊子（前369-前286）說的愛情悲劇嗎？原來自由戀愛在唐宋以前是存在的。魏晉時期的男女交往並沒有太多的規限，反而是門閥之見更深。如果你膽大兼有文采，識個黃花閨女或入宮美女都不難（如中唐「紅葉題詩」的故事）。

然而，如果無父蔭無礦產又無文采，可以怎樣呢？機會還是有的，只要閣下的嗓子靚，就可以回歸農村「山歌對唱」的老土環節。即使是自由戀愛，最後還要官方認可的私媒撮合登記，否則三姑六婆還是覺得閣下是「無媒苟合」並不光彩。

V.「田野考察」不可缺

再者，歷代對好壞女人都有不同的定義。比如魚玄機（844-871）貴為「唐代四大女詩人」之大才女，卻因殘殺婢女而被斬首示眾，更有人認為這名「唐朝豪放女」乃「娼婦也」。為符合閣下當代

的審美觀及價值觀，那麼可以直接觀察古代心儀女子的生活態度，以防「受騙」。

故此，每當有機會溜入心儀閨秀聚會中，就應該看看她們解閨悶時的活動過程，即閒談、「打牌」及「咬瓜子」之神態是否會把你嚇壞，記著劉德華講過的一句經典電影對白：「人品好，牌品自然好。」證據是乾隆時期（1736-1796）舉人金學詩在《牧豬閑話》所記載，蘇州城內有錢人家的黃花閨女在日曬三竿之際仍在懶床，起床時臉還未洗卻衝去抽水煙，實在嚇人。

或有天助自助者，要「天賜良緣」先要做好本份吧。

19 | 大宋酒樓樂忘返

在咸平三年（1000）於官營酒廠的附屬酒店汴京太和樓，內有無數漂亮的歌女及伴唱。食物、裝潢及酒水亦是高水平。

狂歡狂食，酒樓根本是夜總會。

1. 酒樓玩完，再去夜市。
2. 必讀：逛宋代夜市的溫馨提示。

北宋失去燕雲十六州；南宋據江而守，內外交患，市民有錢就即興盡情花。可以說，兩宋人民的開心指數極高，但幸福指數就較低。

1. 孟元老《東京夢華錄》
2. 吳自牧《夢粱錄》

○ 可買宋代牙刷（馬尾毛所造）及牙膏（柳枝、桑枝煎水熬成膏）為手信。

北宋劉攽（1022-1088）的《王家酒樓》這樣說：「*白銀角盆大如扁……紅裙女兒前艷歌。*」如題，汴京真是燈紅酒綠，花花世界。

I. 酒樓服務現代化

據記載，汴京有品牌之大酒樓共有 72 間，即大約是今天浮誇又闊氣的四五星級酒店，即是擁有特許經營酒牌的正店。建築全是朝大街的二層或以上的高樓，門口有漂亮的姑娘做知客，幾乎全天候二十四小時營業，《清明上河圖》內早有佐證。試想像電視劇內酒樓旁豎起一支迎風飄逸的旗桿，上面寫上斗大的店名。一些付得起廣告費的酒樓如「潯陽樓」就很吸睛，因為這招牌就是出自蘇東坡（1037-1101）之手。

當閣下踏入這些酒樓，意想不到的事情發生了，這裡不是咱們屋企樓下的 XX 大酒樓嗎？服務這麼熟悉，從沖茶、換杯碟、下單等，都有專人負責，而店小二拿小費的嘴臉跟今天的伙計也是同出

一轍。店家也很著重顧客關係，遇有投訴，酒家對店小二「必加叱罵，或罰工價，甚者逐之」（孟元老《東京夢華錄》），簡直是消費者（及老闆）的天堂，或者宋代的消費模式很適合香港人。

宋代的吳自牧在《夢粱錄》回憶說：「汴京熟食店張掛名畫，所以勾引觀者，留連食客。」即酒樓裝潢富麗堂皇，有很多吸引食客的藝術品，舉個例子如「樊樓」，這個五層高的酒樓在晚上居然可以看到皇宮裡的綵燈，看來這裡必是穿越情侶浪漫打咔兼求婚的熱點（當然，宋代只有提親沒有求婚），本社更可以代為安排一晚包場開私人派對，但前提是宋徽宗（1082-1135）及名妓李師師並沒有在此「御座」裡卿卿我我，否則「樊樓」就會暫停營業。畢竟做生意還是會尊重貴賓私隱的，特別是帝王將相的私隱。

II. 大好女廚廚藝精

早在唐代時，職業婦女已經在酒樓當廚師，而且是十分求才若渴。當時的官員房千里在《投荒雜錄》中記載這些女廚師多是嶺南人（廣東一帶），「嶺南無問貧富之家，教女不以針縷織紡為功，但躬庖廚，勤刀機而已，得為大好女矣」。當時嶺南的家庭教育乃不是學織布補缺而是學廚藝，時人稱她們為「大好女」。當時一般中原士女很害怕劏蛇煮鱔的，惟這些嶺南女廚應付得綽綽有餘，因此本社估計這些接近廣東口味的菜式，一定會適合諸位的胃口。

南宋廖瑩中（?-1275）的《江行雜錄》也記載「廚娘」不是低級的廚房女工，她們廚藝值滿分、外形值及禮貌值也滿分，「紅裙翠裳，舉止文雅」，更懂琴棋書畫。生意來源主要是大酒樓或上門服務貴族富裕者，「廚娘」且自備璀璨光耀的銀製廚具，下廚時廚具以配合她們手腕亮麗、銀鐲搖晃，閃閃生輝、手疾眼快，簡直是一

場超感官表演。不過代價一點也不輕，普通飯菜已是「絹帛百匹、錢二三百千」，曾嚇壞了窮太守，晚上宴客則需要雙倍價錢，仍然有價有市。

III. 一千年前的「啤酒妹」

這些大酒樓除了提供山珍海味的菜式外，最重要的是可以讓顧客名正言順地享受「歡樂時光」。宋代的酒都是國家專賣的，故酒稅好比今天香港的租金，財雄勢大者才能負擔。有「官宣」證明可賣酒的酒樓自然具有一定的檔次，裝潢奢華且服務全面，自然吸引了不少文人雅士及官府大員前來消遣。

酒與「啤酒妹」就是牛油與麵包，難捨難離。當時低下層家庭的女兒，飯食不飽，出身寒微，即使想纏足扮閨女，嫁上好人家的機會也很少，故很多女孩都會無視三從四德的「舊思想」，拋頭露面來酒樓當侍應、歌女或侍酒的「啤酒妹」，即文中開首的「紅裙女兒」——陪酒女郎。更有調查指她們是宋代最大的女性職業團體。

孟元老的《東京夢華錄》記載前述的樊樓內，「濃妝妓女數百，以待酒客呼喚，望之宛若神仙」。諸位就閉上眼睛好好幻想吧。可是上天是公平的，大宋不只有你一位富二代，你會花錢，人家更懂花錢，在貪新忘舊的世代，酒樓已為你準備好長長的賬單，先重金禮聘當紅的歌女來歌唱；有美食有美酒有美女，更要加上美好樂曲才能盡興，點唱當然無任歡迎。

IV. 娛樂消遣超豐富

或者想聽聽「北宋 Wyman」柳永（987-1053）填詞的最新主打歌，可以在包廂雅座內點唱，唱的可不是「大媽」，而是當紅的漂亮歌女及其專業樂隊。又或者想再為新曲配上具時代感的新詞，你大

概還可以在這裡找到歐陽修（1007-1072）等教科書級的當紅大詞人，連蘇軾的《滿江紅》都是首先在這等高尚酒樓做推介的。

還愁有錢沒處花嗎？有些酒樓還會私下安排兩名衣著性感的女子作相撲比賽，給公子哥兒玩樂一個叫囂歡呼的機會，連司馬光（1019-1086）都曾上奏建議皇帝整頓一下這些酒樓。

然而，在車水馬龍的繁華首都大道上，身邊富有又有霸氣的朋友總有機會說：「吃了這麼多餐酒店自助餐，我想食漢堡包快餐呀！」汴京城也有不少其他稱為「腳店」的平民酒樓，多是民營小店，大概是今天的私營茶餐廳。由於不准賣酒，通常只賣一兩款主打食物，如羊肉串或品茶，不少是低下層百姓的聚腳地。

說了一大堆，本社還是要勸告閣下，見好就收，千萬別樂而忘返。

逛宋代夜市的溫馨提示

1. **開放時間**：隋唐以前，城市大致在晚上是宵禁的，只有在大節日才有半公開的夜市。自兩宋開始，夜市的開放時間乃因地制宜，既有黃昏前、日落後、深宵，更有連接早市的通宵夜市。故請諸位掌握各處營業時間。

2. **代購小食**：宋代商業發達，小食款式眾多。據記載，每款小食約 10 至 15 文錢（估計是十多元港幣左右），而富有的朋友可以坐在高級酒樓內人肉下單，自有宋代「美食速遞」帶來不同款式的美食。

3. **季節食物**：夏天會售賣消暑食物如梅子薑（酸薑）、冰雪冷元子（糖蓮子）等；冬天則售賣鴨肉、煮豬皮等暖身熱食。以四季皆旺的燒烤店舖而言，記著宋人基本上跟唐人一樣以羊肉為主，豬肉一般被認為是上不了大雅之堂，牛肉的供應則極少。

   因此現烤已煨軟的羊肉串、烤羊腿、糟羊蹄、羊血糕、羊雜湯都是常見美食。經典推介是「旋炙豬皮肉」（即切塊的烤豬皮連肉），連好豬肉如命的蘇軾也驚為天人。

4. **流動檔口**：以夜市的小食攤而言，多是以港人熟悉的木頭車形式「開檔」，十分機動，每天位置都不同卻沒有「走鬼」的記載。最常見的「特價點心」有乾脯、蒸或煎的無餡包子（饅頭），雞雜、鹿雜、羊雜等。

5. **敬請排隊**：據說部份新潮又惹味的美食同樣需要「大排長龍」，如帶餡的春卷、燒胡餅（改良自西北饅頭，以羊肉為

餡、加以酥油及豆豉在炭爐內燒，食法接近漢堡包）。因此諸位要守秩序及耐心等待。

6. **四大名酒**：酒是國家專賣的，因此要光顧合法的分銷商。其時酒有四大類：黃酒（大米釀造，江南流行）、白酒、藥酒、果酒。當中又以果酒較適合年輕人，如桃酒、梨酒、荔枝梅酒、椰子酒、葡萄酒（詩人陸游最愛）等，亦有酒女去促銷，不乏捧場客。雖然宋代沒有合法飲酒年齡，但本社建議未成年人士切勿飲酒。

7. **注重衛生**：夜市一帶的公共澡堂在宋代已盛行，澡堂內更有冷熱泳池，同時亦有擦背（搓澡）服務。宋代黃庭堅（1045-1105）在《宜州家乘》中說，即使被貶到老遠的廣西宜州，「於小南門石橋上民家浴室」，可找回一點安慰。然而，不想洗澡者，夜市內有只賣「洗面清水」的小店，也可以買用馬尾造的牙刷來刷牙漱口，保持口腔潔淨。

20 | 破冰遊戲要識玩

 在永和九年（353）參與於紹興會稽山蘭亭舉行的盛會

 兩晉重文治、好清談，唯心至上，自命清流的文人通常少做實事。

 享受浮華盛世或在浮華盛世中慨嘆人生無常

 司馬光《妙錦萬寶全書》有介紹投壺必勝之法，另可熟讀小學版本的《謎語大全》。

 1. 小童可以參加
2 曲水流觴有現代版可供排練

 找上謝安或王羲之父子的筆墨，價值連城。

　　有研究指出，樂觀的人壽命比悲觀的人長 11 至 15%。因此屈在花園大宅必定沉悶，閣下作為求知慾強的穿越者，當有達官貴人或文人雅士邀請閣下上館子「歡樂時光」一番，閣下也別推卻了。飲酒是士人喜愛的活動，究竟如何在酒吧破冰？古代猜枚、擲鏢、打保齡、真心話大冒險的完勝法又是怎樣呢？

I. 古代猜枚考反應

　　射覆及律令就是「古代猜枚」。所謂「射覆」其實是指「射」和「覆」兩個遊戲，「射」卻沒有射的成份，反是有「猜」的意思，這些「猜謎語」的遊戲早在西漢已有。「射覆」的玩法十分簡單，一人負責出謎，另一人則猜謎，如字謎或估成語。比如猜一「字」：「半邊有毛半邊光，半邊味美半邊香。半邊吃的山上草，半邊還在水裡藏。」（諸位先估估，答案在本篇最後揭曉！）又「草」又「毛」，說起來大家定必哈哈大笑。不過，奉勸諸位還是猜謎較好，怕閣下出謎時會暴露出現代人的尷尬身份。

「覆」的玩法更有趣，一方用盆碗把某物件（如香燭、錢包、小蜘蛛等）隱藏遮蓋，讓眾人在輕鬆氣氛中猜度，負方罰飲。東方朔（前 154- 前 93）就是兩千多年前的西漢射覆王，更因此在漢武帝（前 156- 前 87）手上獲賜錦帛。律令大約是古代的急口令，就是「西施死時四十四」或「入實驗室撳緊急掣」那類玩法，如由醉酒者讀出又是另一番意境，當然閣下的京腔普通話或廣式普通話也跟時人口音不同（秦漢是「雅言」，隋唐是「漢音」，明清是「南京官話」），很容易露出馬腳，但相信各朝士人並不介意。此等入門級的古老版「破冰之旅」，成本低、佔用空間少但氣氛好，內斂書生或黃花閨女都可放心參加。

　　後來民間對「覆」更發展出《梅花易數》、《奇門遁甲》、《金口訣》等法，當中有不少卜卦及易學成份。就算不玩，欣賞也無妨。

II. 古代擲鏢易上手

　　如果諸位認為上述遊戲太文靜了？那就離開座席，動動手腳，投壺去吧！

　　投壺列入古時六藝，這個不文靜的運動早在春秋時期已經開始。歷朝的變化都是大同小異，玩法簡單。人人手執準備起飛的箭桿；音樂是此起彼落的歡笑聲；速度就是雅士（很可能是飲酒後）奮力擲出、衝向酒壺的箭頭；跟著眾人嘻嘻哈哈地報數，成功投入酒壺的便可得分，以多分為勝。與前述猜板不同，投壺基本上不用開聲交流，投中自然有歡呼聲。

III. 古代保齡有得玩

　　木射又叫打擊球，在酒館的一邊放上一堆木柱，酒客則站在另一邊，以滾球方式拋向木柱。不過，木柱有紅黑之分，酒客要中紅

避黑，紅色會寫上「仁、義、禮、智、信」五個董仲舒（前179-前104）提出的「五常」。黑色則寫上「傲、慢、貪、佞、濫」，飲酒不忘修德，好玩與否則見仁見智了。不過在漢代以後，酒館較為少見這項活動了。

IV. 古代真心話靠譜

「曲水流觴」是東晉時既優美又有難度的活動，根據源於農曆三月初三的上巳節，人們習慣郊遊飲宴，男男女女已在河邊相會嬉戲，若喜歡對方，就把水潑到對方身上，推推讓讓下就成為情侶了，這在六朝是正常不過的事情。後來朝廷認為有傷風化，遂只限在庭園內舉行，這便是曲水流觴。

玩法是各個飲客在小庭園臨水而坐，置酒杯於彎彎曲曲的人工小河上，隨水流慢慢漂動，酒杯順流而下，停在誰的面前，誰就要即席賦詩，限時過了便要罰酒3杯，如果有人濫竽充數而亂交差劣詩作，更要立刻罰酒3杯。東晉時王羲之（303-361）父子、謝安（320-385）等人在會稽山陰集會，乃是終極豪華版的曲水流觴，他們的詩更編成《蘭亭集》。如果能夠趕上這場盛會，更是此生無憾了。

「觴」：著景

21 | 青樓妓館莫去錯

在咸淳四年（1268）到訪杭州（臨安），在清河坊、融和坊、新街、太平坊有大量青樓。

在可以望上西湖雷峰塔的青樓內與心儀女子吟遊唱歌

PG 家長指引：本穿越項目部份內容可能令人情緒不安，並涉及成人情節，敬請家長留意。

南宋時杭州西湖不少中外遊客；酒肆茶樓、市集驛站，旅店夜市十分興盛。市民對外地人的包容性亦高。（金人除外）

《萬用正宗不求人》、《妙錦萬寶全書》等日用類書都設有「風月門類」。

談（買）一場驚天動地、古代有現代冇的戀愛。

　　如果文人雅士之間有暗號的話，上青樓的暗號應該是「拜祭管仲！」先秦時期，管仲（前 723- 前 645）在齊國設置國營妓院以增加稅收，旅客都會來臨淄見識一下官妓的風騷。漸漸地，歷代青樓女子都會向管仲畫像上香、供祭品。

I. 妓館複雜勿探險

　　首先，諸位要注意：大宋的青樓不是妓院！妓院、妓寨存在於介乎合法和非法之間，而定位較為市井，市場對象是城市內的基層小民，即使檔次較高的茶室，也只是地方土豪或落第書生流連的地方，正當人家或官員士子都不會到訪。況且世族名門都是自己養妓，用不著上妓院犯險，例如東晉謝安（320-385）家族南渡時也是帶上家妓的，這亦是彰顯社會地位的方法。

　　此外，妓院內的私妓（娼妓）多是因經濟因素而落火坑的，所以這等地方品流複雜，建議諸位還是不去為妙。然而，還是堅持非

去體驗不可的「死忠」暗黑團友，可選擇前往由官府管理的酒館（公營妓館）。

除了供公職人員前往娛樂福利場所，公營妓館也是各地政府交往、送禮報銷的好地方，同時亦是處罰戴罪在身、家族被充軍婦女之地。民國時期出版的《中國娼妓史》指出：「唐代吏狎妓，上自宰相節度使，下至幕僚牧守，幾無人不從事於此。並且任意而行，奇怪現象百出。」例如曾經有節度使因對官妓爭風呷醋而大動干戈。

到宋元時期，政府對官員玩押官妓加以管制，官妓只限陪酒而不可侍寢，如南宋抗金名將韓世忠（1089-1151）的繼室梁紅玉（1102-1135）就是出身京口軍隊的營妓，理論上是不賣身的。當時，這些官妓居然與官員同等坐轎的地位，南宋周煇的《清波雜志》記述「今京城內暖轎，非命官至富民、娼優，遂以為常」，但只限京師之內。

在明代，政府官員則完全嚴禁入妓館狎妓宿娼，犯禁會遭罷職，但在明代中葉之後，政治腐敗，大小官員到小兵庶民都不把禁令放在眼內。故此，想走一趟怦然心動之穿越旅程的，本社會安排到明清時期之盛世玩樂。

II. 上青樓先要課金

青樓跟妓館完全不同，內有很多令人仰慕的歌伎，當然仰慕還仰慕、課金歸課金，為博紅顏一笑，燒錢（大量）是必須的。明末馮夢龍（1574-1646）所編的《醒世恆言》有載，上一趟青樓，開支由幾十兩到100兩白銀不等，酒食、酒水、衣服都要提早預訂，進入青樓後從品茶、食點心，到老鴇、傳話的下人全部都要打賞。

因此，青樓也是名門大族或富二代消閒及炫耀財富的地方。比

如在青樓內觀看一場昂貴的「歌舞宴」，表演的全是久經訓練、惹人憐愛的歌伎、舞伎，個個能歌善舞，不少更是飽讀詩書，能夠作詩作詞。

例如明末的董小宛（1623-1651）擅長文學，因仰慕李白（701-762）而自稱「青蓮女史」，她們一般都是不賣身的，稱為「清倌人」。又如陳圓圓（1624-1681），不講別的，單是唱歌已有「聲甲天下之聲」的美譽，要她伴宴要五金，唱一曲又五金。隨時一個晚上就要輸掉閣下的田契、屋契。

馮夢龍編的《警世通言》有一個〈杜十娘怒沉百寶箱〉的故事，是說老鴇向贖身的花魁杜十娘索取贖金 300 兩銀子，約是當時一個農村上繳政府的一年稅入，非常誇張。

III. 以色維生遭劫色

當然燈紅酒綠的世界，騙子也不少。明朝萬曆年間（1573-1620）出版的張應俞的《騙經》曾提到，杭州有一位美絕全城但眼角極高、自號「花不如」的名妓，她「身價頗高，不與庸俗往來，惟與豪俊交接。每宿一夜，費銀六、七兩方得」。六、七兩銀在當時可在普通城市生活半年。不過，她卻被一位叫陳全的金陵人，大費周章，騙財騙色。張應俞為此感慨說：「妓家嘗是騙人，輕者喪家，重者喪身，未嘗有被人騙者。」做妓女本身已是騙人感情，令人喪家喪身，想不到居然被人反騙。這實在是「螳螂捕蟬，黃雀在後」的最佳註腳。

IV. 青樓溝通不用聽

其實當有錢人不太難，但要有財勢又有文采實在難以兼得。是的，如果閣下能文善舞、擅吟詩作對，自然有收不少同道中人共上

青樓的邀請。青樓外觀華麗、滿有詩意，其範圍內滿是花卉水池、假山涼亭等，青樓各層房內也置有筆墨紙硯、琴棋書畫，以滿足一眾文人隨傳隨到的靈感。什麼？上青樓只是「作文」、「捉象棋」？

英國聽力測試中心 Scrivens Hearing Care 有個既現實又搞笑的調查，共調查了兩千多位成人，發現男性比女性更有明顯傾向於「選擇性聆聽」。男士會忽略伴侶說話一年間會高達 388 次，因此世家大族的文人雅士，本身家中可能已有妻妾家室、蓄養家妓，上青樓只是交際應酬、放鬆娛樂。找上聰明及有學識的女子一起對聯下棋，選擇性聆聽自己喜愛的話，又不用聆聽對方的心事，不失是尋找心靈上慰藉的不二法門。

有些人認為歌伎也是有情有義的。愛流連酒樓妓館的宋代詞人柳永（987-1053），在年輕時愛上青樓，與歌伎來往密切，其詩詞都是在青樓即興而作的。柳永去世後，一眾歌伎居然捐錢安葬，每年春秋二祭，她們也在其墳前上香致哀。

想去青樓談一晚轟天動地的戀愛，唐宋時期的大城市實在是不錯的選擇。

22｜跟逆流大叔學戲

 在長慶元年（821）至會昌六年（846）的長安城皇宮欣賞唐宣宗漫長的戲劇生涯。大結局是在大中元年（847）上映。

 唐代中葉的中原一帶藩鎮割據、朝政混亂，朝廷要靠江南的稅收維持。

 中國歷史上最長又最難演的戲，成了可登位，敗了就要死。

 1. 黃檗禪師《黃檗萬福禪詩志》
2. 斯坦尼斯拉夫斯基《演員的自我修養》

 由於觀察時期長達十多年，本社獨家提供 5 次穿越全包套票，以節省閣下的時間。

 必帶宮中美食「爐端燒梨」，據說是唐肅宗李亨親自發明以炭爐烤梨。

還記得特洛伊木馬嗎？不論古今，最堅固的堡壘都是由內裡攻破的。

坐在皇宮內的李怡（唐宣宗，810-859）下定決心，要原諒每個曾凌辱過他的皇家「無名小卒」，卻要狠心地把每個龍椅前的絆腳石徹底鬥倒。他無槍、無炮、無朋黨，強項卻是演戲，入型入格地演戲，劇本是演活一名皇宮內的智障人士，時間是二十多年，代價是生命。以下誠意向諸位推薦一位李氏逆流大叔，可以代入史上戲碼最大無聲鬥爭的成功奪位者：唐宣宗。

李怡（登位後改名李忱）是締造「元和中興」的唐憲宗（778-820）的十三子，母親只是普通宮女，甚至沒有後宮之位，故這個庶出兒子在李氏宗族內地位極低，近乎沒有皇位的承繼權。不過，「試過先認輸，先對得住自己」，李怡維持尊嚴的辦法就是在宮內不發一言、沒歡喜沒愁恨、冷眼旁觀一切，所以大家都認為他是「智

障」的。事實上，他用這套方式等了四朝皇帝才成功上位。正所謂「導演一日未嗌 cut，戲還是要演下去」。

第一場戲：入門興趣級

李怡的父親唐憲宗死後，一直好逸惡勞、沒有貢獻的皇兄唐穆宗（795-824）稱帝，李怡也極低調，一直是演「智障」的路人甲，從不干涉政事，完成的條件只需耐心等待而已。4 年後皇兄駕崩，到皇侄上台。第一場戲算是易過借火。

第二場戲：深造研習級

繼位的皇侄唐敬宗（809-827）是個乳臭未乾的瘋狂遊戲派，喜愛另類運動如自由搏擊、龍舟競渡和馬球等，其實他自己喜愛沒關係，卻強迫後宮及大臣一眾人等陪他玩，想正經做事的人當然心中一片咒罵聲。

同一時期，卻有傻人張韶率百多名工匠衝入宮中造反，不知道是什麼原因，這個姓張的被抓時是坐在敬宗的龍椅上食飯。朝廷內外愈來愈亂，李怡這場戲的角色是在天崩地裂中演個處變不驚、臨危不亂的旁觀者，一直「智障」地看著亂局的發展。要持續不放棄才可以找到勝利的希望。不久，17 歲的敬宗突然暴斃，敬宗的弟弟唐文宗（809-840）即位。第二場戲也算不過不失地過關了。

第三場戲：專業教授級

第三場戲實在有難度。年青且愛好文學的唐文宗，上台時禮賢下士，想一改晚唐的頹風。

有一次皇室成員在宮中設宴，精明的文宗見到「智障」皇叔獨坐一旁，便用烽火戲諸侯的口吻說：「誰能讓皇叔開口說話，重賞！」結果，親族王室用過所有方法，「智障」仍舊演活了「智障」，

難度是在一群精明人中間持續地扮不精明。其間李怡說：「其實尊嚴從來唔使問人攞，係喺自己身上搵嘅！」（設計對白）其他人或者覺得此等恥辱是男人最痛，有人則認為是大智若愚。

果然不久引起了文宗的弟弟李炎（唐武宗，814-846）的疑心，他覺得這個極端克制地「扮智障」的皇叔是個厲害角色，對他處處提防。然而，文宗本來想借大臣之力誅滅宦官，卻惹來「甘露之變」，中書及門下兩省官員大多被殺，宦官緊握軍政大權。文宗奪權失敗、抑鬱成病，不到 30 歲就去世了，宦官矯詔立其弟弟李炎為帝，即唐武宗。

第四場戲：至尊影帝級

最後一場戲乃是生死決戰。李炎登極後了解到在這個弱肉強食的蠻荒權力世界裡，當過「一朝天子的皇弟，三朝天子的皇叔」的李怡是「智將」非「智障」，肯定是留不得的。

武宗暗下命令要這個皇叔死，徹徹底底地令他從皇位爭奪戰中消失，但在最危急之際，皇叔卻被宦官從宮中救走，野史記載李怡曾出走進佛門，在嶺南道近今天的福建出家。黃檗禪師（?-850）在其《黃檗萬福禪詩志》內記錄向李怡出的上聯：「千岩萬壑不辭勞，遠看方知出處高」，豈料他對了：「溪澗豈能留得住，終歸大海作波濤。」黃檗禪師一聽便知此人並非池中物，拚死把他救走。

但是武宗知道後沒有變得仁慈，而是徹底打擊佛教。這個全國性的「攬炒」政令目的也就是要迫皇叔走上絕路，以安定自己的寶座。李怡依舊跟著自己的鼓聲等了 3 年，這回到武宗食了長生不老藥歸天。掌權的宦官再一次矯詔，沒有讓武宗的兒子上台，反而看上了多年來沒發聲、逆來順受的「智障」皇叔上台，認為他是個易

於控制的傀儡。

結果宦官估錯了。這時候等了又等的「智障」皇叔已經 37 歲，終於聽到導演喊「Cut！」韜光養晦十多年，正式在比紫禁城大 4 倍的大明宮登極，他就是唐宣宗，是唐代中後期最年長的皇帝。實情是傀儡沒當成，反成了勵精圖治的好皇帝，比如令牛李黨爭大致上平息，又停止打壓佛教。

後來，民間將他的功績與唐太宗（598-649）相比，世稱「小太宗」，如《舊唐書・宣宗本紀》：「大中之政有貞觀之風焉。」後人稱讚其治績為「大中之治」。忍氣吞聲地演戲，獎品是帝位，更重要的是重奪人生尊嚴，中國歷史上最完美的戲子莫過如此。

穿越時可以與這個「逆流大叔」學戲，實在此刻無價。

旅遊項目風險評估

旅遊項目	風險指數（1—10）
18. 光棍終極團	2
19. 大宋酒樓夜市遊	3
20. 破冰歡樂時光	2
21. 宋代青樓派對	4
22. 唐宣宗影帝之路	5

異趣體驗篇

觀摩特定歷史人物不一樣的人生經歷，作另類旅遊體驗。本篇適合親子遊（部份）、暗黑旅遊、施虐與受虐者、嫉妒成性人士及歷史愛好者。

23｜皇后的浮誇作品

 元康五年（295）在洛陽皇宮觀察賈后的潑辣狠毒行為

 在中原文化及北方遊牧文化交融的西晉時期，包容性較高，社會上卻流行奢靡炫富、揮霍浪費之風氣。

 與賈后的性格及行為相比，自己或自己女友／妻子的「港女」行為簡直是美德，千萬要好好珍惜。

 1. 房玄齡等《晉書》
2. 劉義慶《世說新語》

 在「八王之亂」爆發前就要離開，以免遭殃。

 西晉以灰綠色的青瓷釉聞名，可以欣賞，但別拿回當世以影響古玩市場的價格。

　　古代的皇后理應母儀天下、統領後宮，然而就是有些皇后反行其道，以潑辣、好權、嫉妒見稱。以下穿越欣賞團是介紹 3 位皇后的浮誇失控作品及其創作過程，希望以滿足一眾慣於觀看宮廷鬥爭劇的粉絲。

I. 誇張只因我很怕

　　呂雉（前 214- 前 180）是中國歷史上第一位皇太后，她對待人民儒雅、對付情敵變態。她害怕因屈就而被世人遺忘，所以把情敵弄成一件作品要後世記住。

　　司馬遷（前 145- 前 86）在《史記》內寫了〈呂太后本紀〉卻沒有當時皇上漢惠帝（前 210- 前 188）的本紀。《史記》倒對呂雉的敘述清晰，評價正面：「呂后為人剛毅，佐高祖定天下，所誅大臣多呂后力。」她幫丈夫劉邦（前 247- 前 195）平定天下群雄翦除功臣，比如被蕭何（前 257- 前 193）稱為「國士無雙」的韓信（前 230- 前

196）。《史記》又指呂雉掌權時：「天下晏然。刑罰罕用，罪人是希。民務稼穡，衣食滋殖。」即生產多、犯人少、少用刑罰、人民衣食富足。

話說回來，從賢妻到毒婦，總是有過程的。呂雉本性善良，稍有姿色、具富貴相，嫁給劉邦時才 18 歲，當時劉亭長（做錯事要殺頭的基層公務員）已是個 40 歲的大叔了（曾與一名婦人誕下一名非婚生的兒子）。呂雉在家相夫教子不在話下，更曾在大後方為起義的丈夫頂罪，又在楚霸王項羽（前 232- 前 202）陣營當人質，絕對是「糟糠之妻」。

不過及後劉邦納了能歌善舞、和顏悅色的戚姬為妾，之後戚夫人更生了很像劉邦的兒子劉如意（前 208- 前 194），而劉邦更曾打算廢長立幼，立劉如意為太子。

等到劉邦一死，呂雉以閃電手法毒死了如意，再把淪為階下囚的戚夫人提出來，斬去手腳，拔光她的頭髮，又把眼珠挖空，後來再割下部份舌頭及用煙燻聾她的耳朵，最後放在酒甕內後棄之廁所，取名「人彘」，即是「變成豬的人」。

慘被虐待的戚夫人，傳聞苦苦蠕動了 3 天才去世。可是「人彘」這影像嚇破了兒子惠帝的膽子，指責母親：「此非人所為也！」即一般人不能做出此等喪盡天良的行為，不久惠帝更一病不起、受驚嚇而亡，或者呂雉很滿意自己這作品。「人彘」不是歷史的孤例，八百多年後，呂雉終於找到了知音人，那人徹底模仿了呂雉的手法，她名叫武則天（624-705）。

除非貴客指明要參與「人彘」欣賞項目，否則本社不主動提供

這個變態項目。

II. 你當我是浮誇吧

賈南風（257-300）的人生既幸運又不幸。幸乃她出身官宦、無憂衣食，不幸乃她「醜而短黑……短形青黑色，眉後有疵」（此句出自《晉書》，可能史官對此加入很多主觀貶謫和醜化成份）。不過「樣衰」的她卻幸運地搭上了皇室司馬氏，焉知幸耶？當傻子司馬衷（259-307）的太子妃，日子當然不易過。

她的家翁，即晉武帝司馬炎（236-290），極為擔憂太子的能力，每天出了很多難題對他進行測試，她很擔心夫君的皇儲身份隨時被廢，日日都要解難。幸好夫君對妻子言聽計從，這些考驗弄了近 20 年，夫君終於坐上了皇位，他就是日後「何不食肉糜」的晉惠帝，她順理成章地成為皇后。

不過，《晉書》稱晉武帝早已對她不滿，「種妒而少子」，但她沒有變得溫柔，「后暴戾日甚」，愈來愈妒嫉及暴戾的她開始對什麼人也看不順眼，見到夫君的妃妾懷孕，就用軍隊的戟戟拍打或指劃妃妾的肚子，看著嬰兒流產，隨戟刃墮地、血肉模糊而亡，是為她的浮誇作品。她怕失去權力，怕過往的付出白費了。

民間認為，她每天對著懦弱怕事、智商低下的夫君，背後跟其他男子玩玩來減壓也是正常不過的事情。《晉書》也描述得很仔細，「后遂荒淫放恣，與太醫令程據等亂彰內外」。對內與太醫等人有姦情；在外居然捉男子入宮，「見留數夕，共寢歡宴」，一些給予財物打發，一些則殺掉。時人傳聞「擲果盈車」的小鮮肉潘安（247-300）也不能逃出她的魔爪。

最後，她誅殺了非親生的太子司馬遹（278-300）及引發八王之

亂，最終被趙王司馬倫（?-301）殺死。

III. 加幾聲噓聲也不怕

李鳳娘（1144-1200）是宋光宗（趙惇，1147-1200）的皇后，與賈后不同，李鳳娘有姿色且美艷；與呂雉的惡毒不同，李鳳娘的「作品」屬於狡猾刁蠻、我行我素。

她同樣出身官宦，但入宮乃因為一名曾有功於宋高宗（1107-1187）的道士皇甫坦，他認為李鳳娘「面相大貴，當母儀天下」。宋高宗聞言就想起給隔代領導人一些福利，硬把她賜給了皇孫趙惇。不過，趙惇生性仁厚，同時守紀律而怕事，當然也聽從皇后之言，包括父皇宋孝宗（1127-1194）不會立自己當太子云云，《宋史》指「光宗不寤，以為孝宗始終猜忌，後竟至失和矣」。父子猜忌及失和其實都是她搬弄是非所致。後來皇后叫他不要去拜見患病的孝宗，即使負上不孝之名，趙惇也照做了。

她就是這樣在高宗（丈夫爺爺）、孝宗（家翁）、丈夫（光宗）三者之間苦苦角力，及後連高宗也後悔了，《續資治通鑑》：「謂太上后曰：『是婦將種，吾為皇甫坦所誤。』」即高宗（太上皇）覺得自己被道士騙了，可能受騙的基因相同，父親及哥哥（徽宗、欽宗）也曾被道士郭京「老點」於汴京。

當然善妒的她也怨恨其他女子，連丈夫對其他姜女的一句讚美也容不下。話說某日早上光宗見端水宮女有一雙白嫩中幼的玉手，不禁說了句：「好美啊！」說時遲、那時快，她給光宗送來一個盒子，揭開一看，就是齊腕切下的一對血淋淋的手掌。她非常享受自己的浮誇作品，同時更享受見到丈夫的驚嚇表情。

及後，因為在宮內得罪人極多，她病死後，連宮內僕人都不肯

給予葬禮服飾，結果只得用席子包裹屍體治喪，可見她是多麼不得人心。兩百年後，元代官員脫脫（1314-1355）在編寫《宋史》的〈光宗紀〉時直接評論說：「及夫宮闈妒悍，內不能制。」光宗「驚憂致疾。二宮失和，自是政治日昏」，他整天擔驚受怕以致生病，朝廷與後宮衝突日增，政府施政每下愈況。最後光宗被迫退位，李鳳娘也鬱鬱而終。

明代凌濛初（1580-1644）編的《二刻拍案驚奇》說得好：「青竹蛇兒口，黃蜂尾上針。兩者皆不毒，最毒婦人心。」

24 | 港孩皇儲的啟示

 在同治三年（1864）目擊太平天國太子洪天貴福在江西南昌被凌遲約一千刀處死

 清政府在平定太平天國後，開辦了洋務項目，減輕百姓的賦稅，鼓勵農耕，以期與民休養生息，呈中興現象。

 實齡不足 15 歲而在南京出生的廣東籍男孩，是中國歷史上有紀錄以來最年輕的凌遲受刑兒童，沒有之一。

 吟唎《太平天國親歷記》

 筆記以記錄港孩式行為，讓閣下反思個人的生活或育兒方式。

 如果找上一個完整方孔圓錢的「天國通寶」，大約可以在香港買一個一房的細單位。

　　先介紹一名清代（偽）官二代福仔給諸位，他的成長過程非常「港孩」：

　　福仔出生時，父親說家中屋頂上出現紅色圓光。在他 4 歲時，父親這個怪獸家長舉家搬到大都市南京過著皇帝般的富豪生活。不過福仔沒有上小學也沒有參加學前 playgroup，父親親自教授指定的宗教書籍。到了他 10 歲時，父親的「怪獸」行為變本加厲，即使福仔從未接觸家庭成員以外的異性，仍給他硬娶了老婆，更一次過送上 4 個。次年，應該是現今學生上初中的年齡，父親的行為更「怪獸」，把福仔過繼給一名外國名人，他叫耶穌。

　　數年後，怪獸家長病故，福仔糊裡糊塗地承繼父親的「天國」與「最高領導人」的位置，然後他逃亡、躲藏、被捕、被敵人以 1003 刀凌遲而死。是年他不足 15 歲，同時是中國歷史上最年輕的凌遲受刑者。

這個可憐蟲福仔是誰？他是清代中葉太平天國的皇儲洪天貴福（1849-1864），其怪獸父親乃是在金田起義的洪秀全（1814-1864）。想不到吧？堂堂反清的造反王居然是個怪獸家長。有怪獸家長自然有「港孩」，這些可供窺探「港孩」的特徵如下：

A. 三不：不在乎、不知道、不介懷

福仔3歲當了太子、10歲已經下詔書，歷史上完全沒有記載有關他反叛、頂撞長輩的言行。事實上，他每天都要在早禱、早飯、午飯及晚飯前寫一篇語意含混的「請安本章」給父王過目，或許今天小朋友從小上各式各樣的音樂、語文補習課程，何嘗不是如此？

回顧太平天國覆亡後，福仔在江西石城楊家牌被俘獲後，官員問他是什麼籍貫，他卻回答說：「天王是什麼地方的人，我就是什麼地方的人。」這個「神回答」令官員一度懷疑是否捉錯了人，天朝太子居然是「腦殘」少年，敵人早知道你父親是廣東花縣人啦！

B. 三無：無閱讀、無好奇、無學習

事實上，天國認為傳統的四書五經都是「妖書」，福仔只可以讀父皇洪秀全及其臣下編的書，結果只剩29本改了版的基督教書籍，故他閱讀其他文章的能力有限，理解傳統文化能力更近乎零。連東王楊秀清（1823-1856）曾佐證福仔不喜歡學習，只喜歡玩耍及胡鬧，經常摔東西，浪費成癖。又難怪，誰叫你一出生就是太平天國的承繼人。

然而，福仔父親自己都有88位妻子，可能為了面子關係，故早在虛齡9歲便先硬塞了4位女童給兒子當老婆，女童的身材模樣並無記載，因為「清妖」打敗太平軍後，把所有人都殺光，把一切文字及圖像記錄都燒清了。結果被捕後，福仔才尷尬地說自己應

該在 20 歲才結婚。他平常只是面對 4 位老婆、數名女僕,完全沒有正常的社交生活。在這樣的成長背景下,加上改了版的基督教氛圍,當然不可能成才。

C. 頹廢:不努力的少年係會死

福仔一生從未離開過南京這個媲美紫禁城的天王府,連皇宮大城門也未上過。但他約 8 歲「成年」後,按天朝男女有別的規定,便不准許探望姐姐及母親(當然這是反倫理的制度)。洪天貴福的名稱很有「福氣」,洪天貴福之「貴」和「福」是極短暫的。

天京被攻陷後,忠王李秀成(1823-1864)極力護駕,但福仔兩位弟弟被殺,他輾轉逃往江西,被俘前曾躲在山洞數天,最後終於撐不住,硬著頭皮出走,企圖混在一些普遍百姓當中扮個割禾農民,以逃避清兵追捕。當然,手掌潤滑的他又哪會懂得做農務,根本連普通鐮刀也不懂拿,所以根本不用奸細出賣,馬腳自然露出,圍捕的清兵全不費功夫。

D. 三怕:怕承擔、怕反抗、怕殉國

福仔最致命的弱點就是從來不知道自己的弱點。他曾對清廷招認,希望獲釋後去考科舉,即使在處決前夕都是只顧討好看守他的守衛,他留下數首難聽而易明的白話核突詩句,其一是給押守他的清軍小頭目唐家桐說:「老爺識見高,世世輔清朝;文臣兼武將,英雄蓋世豪。」更有「如今我不做長毛」、「清朝皇帝萬萬歲」等擦鞋文句,而真本仍可以在台北故宮博物館的清宮檔案內找到。

同時,福仔亦不識大體地向敵人說過:「廣東地方不好,我也不願回去了」,故後人一直指他是升級版劉禪(207-271),是「樂不思蜀」的太平天國版。可惜朝廷沒打算給他優惠,仍舊將他凌遲處

死。如果洪秀全在天國知道兒子居然貶長毛（太平軍都留明代時之長髮）而揚清帝，恐怕對自己從前的教養方式會感到十分後悔。

　　閣下不厭其煩，想一窺四體不勤、五穀不分的極端「港孩」，是否對時下的教育有丁點的反思？或者閣下只是慨嘆為何要對一位15歲的溫室少年這麼苛刻？

25 | 身體特異人巡禮

 赤烏十一年（248）在交阯見證越南騷動

 欣賞反吳女將趙嫗英姿，三國動漫迷必看。

 PG 家長指引：本團部份內容可能令人情緒不安並涉及成人情節，敬請家長留意。

 三國末年，越南北部爆發反吳起義。越南在歷史上時為獨立、時為中國藩屬，和戰不定。

 李昉等《太平御覽》

 現今有動漫版趙嫗的手辦模型，如能看到真人全身原創草圖，必定震撼。

　　奇人異士，可能大家都認為他們是怪咖，他們只是天賦異稟、人中之龍而已。群眾就愛欣賞這些「超級英雄」，譬如一百年前俄國的魔僧拉斯普丁（Rasputin），此人胸無點墨、不學無術，但預言、卜卦、隔空取物的小本領很多，居然可以與羅曼諾夫皇朝的貴族鬼混，更是直接導致沙皇倒台的原因。到今天他的 28.5 厘米「超級生殖器」仍是聖彼得堡兩性博物館內的主打展品。

I. 戰國人肉風火輪

　　中國早在先秦時期已經有本土的拉斯普丁，即大陰人嫪毐（?-前 238），「大陰人」三個字不是道聽途說的，是西漢司馬遷（前 145- 前 86）指名道姓寫的，已是戰國末年百多年後的事情了，真偽難以預料。那話兒是否長於 28.5 厘米就不得而知了。

　　故事應該很熟悉吧！大陰人是秦相呂不韋（前 292- 前 235）找回來送給趙太后（前 280- 前 229）的禮物。《史記‧呂不韋列傳》說：「（趙）太后淫不止。呂不韋恐覺禍及己，乃私求大陰人嫪毐以

為舍人。」呂不韋好一招借花敬佛，找上一個「大」怪人，自己的性命保住了，又可以保持與趙太后的邪惡關係。

《史記·呂不韋列傳》又說：「時縱倡樂，使毐以其陰關桐輪而行」，趙太后果然是識玩之人，命令嫪毐生殖器硬起以後，胡亂放些東西上去試驗，最後更把木輪子套上去，不單套上去，更可用來做車軸，把輪子放在上面轉，宴會之中走在各位貴族大臣表演，「繞庭三匝而不墜」，即圍繞整個庭園三周而沒有墜下，堪稱「先秦四級人肉巨棒走馬燈」。這也是穿越時不能錯過、既淫穢又奇幻的歷史場景。

不過陽具大不等於腦袋好，嫪毐後與貴族作樂，酒後失言，說出自己乃秦王嬴政的義父。嬴政對此事當然非常憤怒，與嫪毐交惡，後來嫪毐為求自保遂起兵謀反，失敗後被誅殺。因此本社認為閣下看罷難得一見的「關桐輪而行」一幕就應馬上離開，餘下就是連場刀光劍影，易被牽連。

II. 動漫貞德在越南

為了顧及動漫迷的感受，這裡亦選上三國遊戲內的女角供大家觀賞，貂蟬、大喬、小喬、孫尚香似乎都太普通了，本社選上三國後期反吳國統治的人物、交阯（越南）的「聖女貞德」——趙嫗（225-248）。

《資治通鑑》提及，三國末年仍是吳國領土的越南發生暴亂，「吳交阯、九真夷賊攻沒城邑，交部騷動」。為何叫趙嫗作「夷賊」？因為她並非中原婦女的性別定型，每次出征時都以「非中原」的蠻族形象示人，身穿顏色盔甲、頭插金簪、腳穿象牙鞋，騎在象頭上衝鋒陷陣，這是江南士兵難以想像的。這更接近中世紀的印度及東

南亞國家用象隻當戰鬥坐騎的情況。

此外，傳奇的還有「不嫁，入山聚群盜」，猶如《水滸傳》的女漢子，反叛不法的形象鮮明，據說當時吳軍有言：「橫戈當虎易，對面婆王難」，可見趙嫗之勇猛。

但趙嫗的樣貌最叫人稱奇，《太平御覽》仔細地形容她是「相貌奇偉、驍勇善戰，身高九尺、胸長三尺」，這 16 個字居然是形容一位南方女子。《大越史記全書》記載「嫗乳長三尺，施於背後」，一尺大約今天的三十多厘米，即胸部大過於 38H（估計），作戰時需要把大胸綁在背上，然後再穿盔甲衝鋒陷陣，形象實在太動漫了。

然而，吳國後來傾全國之力平亂，趙嫗兵敗後走投無路，傳聞她在松山以被象群踩死的方式自殺，這故事一直流傳至今。不過，蠻女、大象、大胸、叛亂的元素實在太有市場價值，這是本社其中一個熱賣項目。

III. 世界最高大清人

事實上，本社亦會顧及合家歡市場，觀看近代世界最高的人類夠貼地了吧？這個來自中原的世界之最叫詹世釵（1841-1893），他生於清道光年間（1821-1850），家族在江西婺源，據說全族基本上都高於常人。

詹高人本來在福建經營茶葉生意，後來在上海遇上他的伯樂——一位具國際觀的英國商人，這位「伯樂」就把這匹據稱身高達到驚人的 244 厘米的「千里馬」當作國際商品賣了，以「中國巨人」（Chang the Chinese Giant）的噱頭環遊世界展覽，引起一眾金髮婦孺連連稱奇（當然那個時候沒可能有個什麼健力士世界紀錄大全作證）。那時候也沒有什麼反對「人類動物園」（Human Zoo）的

請願。

　　不過相比出洋當鐵路工的華人，詹高人的收入十分豐厚，也很滿足了自己的任務，在異地找上了一名洋人作第二任老婆。最後於光緒十九年（1893）死在英國。最重要的是他曾於光緒六年（1880）到訪香港，與家人在港島區影樓拍照留念，想穿越去找他應不難。

26 | 星級重口味處罰

 崇禎三年（1630）在北京城西甘石橋，觀察袁崇煥被凌遲處死。

 傳聞「文革」時袁崇煥墓被挖，但裡面未有屍首及遺物。故能看到袁崇煥遺體去向，可以一解歷史謎團。

 1. 戴上耳塞（以防聽到受刑人的痛苦呻吟）
2. 可秘密參拜袁崇煥墓

 明末北京慘受水災、鼠疫、地震的威脅，人心惶惶，有不少假新聞流出，包括袁崇煥通敵。

 張岱《石匱書》

 除了盲搶袁氏肉骨，無紀念品可買。

　　「重口味」的人很多，估計「重口味」的穿越者也不少。剛好古代也有不少感官大衝擊的情境，絕對會帶給閣下「夢寐以求」的感官刺激，而且費用全免。但是為免樂極生悲，本社就不同情境給予閣下溫馨提示。

I. 千刀萬剮酷刑王

　　首個重口味節目選項是「凌遲」，這種非人道死刑始於五代，到清末推行新政（二十世紀初）才廢除，維持了千多年。《宋史·刑法志一》：「凌遲者，先斷其支體，乃抉其吭，當時之極法也。」「抉」即挑斷，「吭」即喉嚨，即先是斬開你的身體，再挑斷你的喉嚨。

　　事實上，早期訂明此極刑為八刀，意味著罪犯刮到第八下才斷喉而死，過程「較短」；及後劊子手的手法愈來愈嫻熟，刑罰訂明得愈來愈變態，如起碼要刮一百刀、數百刀，而死囚處死的過程也愈來愈長，死狀都愈來愈恐怖。

到了明朝，則進化成需要用漁網緊緊網住犯人，以刑刀將從漁網突出來的人肉一片片如薄切魚生割去，直至見到血淋淋的骨頭，犯人一般捱千刀之後才會疼痛抽搐死去。

據說明朝正德年間（1506-1521）的太監劉瑾（1451-1510），曾被《亞洲華爾街日報》列入人類一千年來，當時全球最富有的50人名單內的人，相傳就被割肉割了3天之久，共受了四千七百多刀，更可怕的是第一天割完後，劉大人在黃昏還半自願半強迫地喝了點粥水後休息，第二天繼續用刑至完全斷氣。由於劉瑾仇家不少，觀刑者也不少，而行刑過程超長，好此道者可以自備酒水，大飽眼福。

如想要閣下的非理性超級興奮度解鎖，到達熱血沸騰的效果，有時候碰上一位在教科書學過的英雄也不枉此行了。

明末清初的《石匱書》就有一位了，明末北京百姓都相信抗清大將袁崇煥（1584-1630）是「無間道」，拿後金的錢做間諜。但官位做到兵部尚書、薊遼督師的袁崇煥被抄家時，「家無餘貲」，即什麼也沒有。明思宗（1611-1644）卻非要給他來個殘酷的「凌遲」處死不可，其時行刑的劊子手每割一塊肉，街坊都爭著付錢要這位「賣國賊」的肉塊，「取之生食」，更是「項間肉已沽清」，居然不是什麼名貴藍鰭吞拿魚，而是一位將軍的肉，一會兒居然就賣清了。

可惜的是，「再開膛出五臟，載寸而沽」，即肉身賣完了，百姓就搶購他的內臟，然後「和燒酒生吞，血流齒頰」，唉！抗清英雄的身體成為佐酒食物，實在殘忍、核突兼可憐。雖然碰上民族英雄是千載難得的機會，但小心圍觀的民眾知道閣下是他的支持者，也把閣下一併吃掉。

II. 感官刺激睇斬頭

胃口不對吧？別急，尚有重口味節目選擇：「斬頭」欣賞（或稱棄市等）。斬頭的受刑性質比絞刑（吊頸）重，但比凌遲輕及常見，故斬頭比凌遲更易在穿越時撞上。

古時有不明文規定，入秋後草枯葉落，以這個意境來處決罪犯是最合乎陰陽五行。處決地點多選在城門外、市集、菜市口等人群聚集處，愈多人圍觀愈可以起教化作用。據慣例，立斬時間都訂明是午時三刻（11:45-12:00），用意是在太陽最高，也是陽氣最盛的時間行刑。因此如閣下有意參觀，一定要計準時辰，誤點自負。

其時將會欣賞到世襲祖業的劊子手上場，先是劊子手會亮行刑大刀，然後再對刀子噴上一口酒，為的是保存刀身清潔，令帶血肉的刀更易清潔及光亮。建議閣下還是遠遠地觀看便足夠了。

民初出版的外國遊記《居華雜憶》（*An American Sojourn in China: Family Memories*）指軍閥政權斬罪犯的頭時故意用鈍刀斬頭，要斬十多刀才死，強迫犯人接受生不如死的懲罰。民間傳聞，戊戌六君子中的譚嗣同（1865-1898）被斬時，慈禧太后（1835-1908）也不想便宜烈士，指定要用鈍刀來招呼他。

III. 斬頭也說無聊話

清代最狂士人金聖嘆（1608-1661）在順治年間（1644-1661）因「哭廟案」被株連斬頭，他在刑場上的最後遺言是：「花生米與豆乾同嚼，大有核桃之滋味。得此一技傳矣，死而無憾也！」實在令聞者一呆兼哭笑不得。

據悉被斬後，他的左右耳朵裡各自滾出一團小字條，劊子手疑惑地一看，左一張寫上「好」字，右一張乃是「痛」字。這個彩蛋成

功地把大家都幽了一默，功力猶在黃子華之上。到今天網路上仍視他為「網路無聊話」的祖師爺。

　　如有幸在現場看是次百年難得一見的畫面，更是此刻無價。

27 | 百歲學霸交流團

 道光六年（1826）在北京會試試場

 道光初年，清廷中衰已現，但科舉考試如常舉行。在廣州仍是對外通商唯一口岸，社會氣氛相對穩定。

 見識中國歷史上最年長的科舉考生，再體驗由廣東上北京考場的漫長旅程。

 1. 徐珂《清稗類抄》
2. 商衍鎏《清代科舉考試述錄》

 項目內各位百歲考生都聽得懂廣東話，但有否「撞聾」則是另一回事。

 考場附近有人向閣下提供黑市購買「出貓微型書」的途徑，可考慮購買以作紀念。

還記得《儒林外史》內〈范進中舉〉的故事嗎？虛構的主角范進是一名老童生（科舉制內最初級的應考者），多年來屢試不中，生活上處處遭受白眼，直到通過鄉試（中舉）就終於發狂了。事實上開始於隋代的科舉制是歷代選士制度，一直延續到清代末期，持續了一千三百多年。

古來多少人以為自己是文曲星轉世，可以一躍龍門；其實是掃把星托世，應試終身、累人累物。然而，到退休之年，仍希望中舉的耆英仍不少，特別在清代有詳細的記錄。

I. 老頭應考有先例

早在唐昭宗（867-904）年間，有個叫曹松（?-903）的老頭，應考多年，連同期同學都向閻羅王報到了，曹老卻屆古稀之年（70歲）才衝過科舉首關，當上秀才。禮部為了表彰他，破例讓他賺個「進士及第」，再安排他在皇家書局做個校對的虛職，讓他咬「長糧」以敬老。今天所說的「一將功成萬骨枯」，就是出自這位曹老之詩

句。這句話實是對科舉制最貼切和生動的形容。

到了宋神宗（1048-1085）年間，安徽有名叫陳勝的八旬耆英，屢考屢敗、屢敗屢考，連第一關都過不了，禮部又特准他進京考試。陳老也識做，在場內老淚橫流，再在試卷寫上：「臣老矣！不能為文也，伏願陛下萬歲、萬歲、萬萬歲。」即他太老了，字也寫不到，現在紙上喊三聲萬歲吧！既忠貞又「擦鞋」，神宗亦樂得授官給他安享餘年。

有見及此，本社亦會設計穿越學術交流團及科舉考察親子團，以接待中小學生回到從前，一睹為了上進的古代讀書人如何廢寢忘食、懸樑刺股，為考試而努力。考慮到行程便利及語言問題，這裡特選數位清代廣東省籍的耆英考生以供探訪。

II. 廣東學霸最勤奮

清末民初徐珂（1869-1928）編撰的《清稗類鈔》記載，祖籍廣東順德的黃章自 20 歲時就首次應考地方試，弄了大半生還未考上秀才，到了百歲虛齡還堅持到廣州考鄉試。當時黃老要在曾孫子的扶持下，打著「百歲觀場」的燈籠進入考場，自然引來群眾嘩然。可惜結果仍落榜，但地方官根據傳統還是回贈他銀兩和布匹作「安慰獎」，更命人把黃老的事跡寫入《廣東通志》及縣志內，以嘉許終身學習的人。

乾隆年間（1736-1796），肇慶謝啟祚（1693-1797）的科舉路就更牛更長遠了，他一樣多年中不了舉，卻拒絕官府恩賜的舉人身份，堅持要逐關逐關來考，考完縣試再考鄉試，終於在 98 歲中舉取得上京考高級科舉的入場券。他沒像范進般發瘋，自嘲「行年九十八，出嫁不勝羞」。據《清實錄》指出，乾隆皇帝（1711-1799）

當時已屆七十多歲，聽到居然有百歲人瑞由廣東省千里迢迢上京應考（據記載當屆 90 歲以上的廣東超級耆英還有另外兩人），故特地恩賜了一個國子監司業官銜給落榜的謝老。

III. 百歲應考陸雲從

中國歷史上有記載的最老考生上線啦！祖籍廣東三水的陸雲從（1723-?）在考科舉的第一關鄉試已經被卡，可憐一卡就接近 80 年，皇帝也換了 3 個（乾隆、嘉慶、道光）。據《清代科舉考試述錄》所述：「廣東三水縣人陸雲從，入學時已百歲。」即是到了虛齡 100 歲時才過縣試一關，後再過鄉試中舉人。陸老絕對是「屢戰屢敗，屢敗屢戰」的最佳註腳。

有了上京考試的資格，陸老便山長水遠地由廣東去北京應試。當這位 103 歲的人瑞出現在首都試場時，沒有老態龍鍾，而是「耳聰目明，步履甚疾」（《履園叢話‧科第》），轟動當年文化界的「社交網絡」。陸老雖然最後名落孫山，朝廷覺得他畢竟是「百歲人瑞，天下吉兆」，就獎勵了他一個國子監司業的虛銜以食皇糧。

IV. 京廣鐵路運河版

如家長及同學時間許可，本社建議可依據陸老的路線快速上京一趟，兼欣賞沿路各省風景。事實上，自隋唐以來，北至涿郡（今北京）南至餘杭（今杭州），已有人工運河連接，南方考生北上一般以坐船為主。原因有三：其一，在運河上泛舟較平坦舒適；其二，避開華中的崇山峻嶺、節省時間；其三：費用相對便宜。

有記載指從浙江一帶沿運河至京城，船期並非今日的固定班次，又要顧及天氣等因素走走停停，已需要約一個多月。需知道，

除非是為官府送特急信的快遞員，否則不同地點的交通不准許日夜趕路的。從廣州至南京一帶也要預上一個多月的時間，如早在漢武帝（前 156- 前 87）年間已建成由廣東英德經乳源縣至湖南一段的「西京官道」，全程約百多公里，看似方便易走。不過，嶺南地區天氣濕熱，地形多為連綿山丘，路程往往比想像中使用更多時間。

陸老山長水遠上京應考已是毅力的最佳證明，科舉制度或者是「誤人子弟」，但考生應考的堅持及恆心卻是「悟人子弟」，是應該傳承的。

V. 黃旗上路保平安

每到一地，士子都會根據古代版的旅遊書，如《公車見聞錄》，上岸遊覽觀光、繪畫出對、拜訪奇人異士。入夜則住宿在當地的同鄉會館，好讓大家有個照應。那麼當年考生有交通津貼嗎？有的。明清時期進京趕考的士子除了可以進官方驛館休息，視乎情況會有普通飲食供應，同時也有「會試盤費銀」的現金津貼，而官方在京師一帶還會派出馬車（公車）接載士子，光緒年間（1875-1908）的「公車上書」的「公車」也有官派車輛的意思。

考生在路上還是相對地安全的，絕對適合隨團參觀，因為朝廷會給予他們黃布做旗幟，寫上「奉旨會試」等字眼，山賊土匪也不敢搶。什麼？土匪識字？事實上黃色是皇室專用顏色，打劫插上黃旗的官府東西，等於惹禍上身，頭顱不保的。如果欺凌耆英考生，既不敬老，也不尊敬「發達」、「發解」（中舉的稱呼）的士人，土匪哥們相信這會惹上厄運的。

宋真宗（968-1022）的《勸學詩》說：「安居不用架高樓，書中

自有黃金屋。娶妻莫恨無良媒，書中自有顏如玉。」上述的耆英考生都沒中狀元、沒當上大官，其讀書學習卻是活到老、學到老的最佳註腳，或者愈努力、愈幸運是真有其事的。

旅遊項目風險評估

旅遊項目	風險指數（1—10）
23. 皇后浮誇手作班	7
24.「港孩」太子的震撼教育	7
25. 身體特異人巡禮	4
26. 超感官處刑匯演	7
27. 百歲學霸交流團	3

G

奇災怪難篇

親身亂入古代各種天災人禍中，了解特設的保命伎倆。

本篇風險指數較高，適合災難愛好者、喜歡向高難度挑戰的運動型人士、具多次經驗的深度穿越愛好者。

28 | 揚州十日大逃殺

 順治二年（1645）在被清兵圍攻下的揚州

 揚州比蘇州城小，以鹽業與漕運為主。文化休閒產業也盛行，如康熙、乾隆時期的揚州八怪（革新派畫家）。

 親歷大屠殺並成功逃難，向守城忠義之士致敬。

 王秀楚《揚州十日記》

 1. 帶備水、乾糧、消毒物品等。
2. 穿越危險度極高，一般穿越保險不包。

 除了眼淚，無物拿回。

踏上時光機，一切都不能回頭了，而到達大亂時期比大治時代機會更大，若「大吉利是」錯落地點，遇上敵軍入城屠殺怎麼辦？是次旅程談及屠城逃難必勝攻略，諸位參與（或誤墮）屠宰場暗黑團時，必備補血續命的筆記。本社以明末清初王秀楚（史可法的幕僚）親身撰寫的《揚州十日記》作天書。

I. 坐以待斃無翻身

這本書直接見證了順治二年（1645）揚州 80 萬人被屠殺的一手記錄，在清代被查被禁是意料中事，文稿在海外流浪兩百多年，輾轉回到中原。王秀楚指出，「其間皆身所親歷、目所親睹，故漫記之如此。遠處風聞者，不載也」。也就是說，王氏作為少數倖存者來說揚州十日之事，事情多到可著書，那些道聽途說的都已經無空間記載了。如要避開王氏所講的「人如落葉，死者十九」，慘被屠殺者有十分之九，死者之多有如飄零落葉，只有一成人生還之大逃殺獨家筆記如下：

一般而言，敵對軍隊很少無緣無故、有系統地屠城。但屠城乃「nothing personal」，有的是戰爭戰略，也可能是將領喜好，例如金人滅宋（靖康之難）時，金兵鐵騎把汴京一帶的男丁全滅，而擄一眾婦女北歸，作獸慾大滿足、人口大補充。

農民戰爭多是只殺老弱及婦女，留壯健男丁作下一場戰爭的炮灰。但及後蒙古滅金滅宋、清兵入關後在南方、太平天國起事等都是實行近乎種族滅絕之零和遊戲，把一大批人殺光以收震懾之效。因此諸位要緊貼時事，屠城令未出就要逃走。

II. 有敵無我全部鬼

在亂世之時，大家就別想什麼「敵人的敵人是我朋友」的謀略，王秀楚一言九鼎地說：「不知為清兵為鎮兵為亂民也」，即屠城非單是清兵所為，故別以為愛新覺羅・多鐸（1614-1649）以外的就是朋友，南明降將高傑（?-1645）也曾引兵濫殺；而且屠殺者來來回回，難以捉摸更是「復盡屠之」，即別以為軍隊走了就蜂擁出逃，也不要幻想有什麼盟邦友軍來拯救你。

III. 慳氣逃亡別求情

不論閣下是否擁有高 IQ，但 EQ（情緒智商）更重要。向入侵者求情？傻的嗎？別以為眼淚可以融化屠城者的殺氣，王秀楚指出，「初砍一刀，大呼都爺饒命。至第二刀，其聲漸微」，意味著求饒都沒用，因此橫死豎死，還是慳啖氣保個尊嚴更實際。

再者，逃難時金銀珠寶就別拿，糧食就是最重要，沒有之一。因為賄賂也不能逃離魔掌，王秀楚說的「有捐金萬兩相獻」者，百萬富翁一樣被殺。那麼屠城者是地獄來的鬼，不愛寶物？別傻了，當然愛。只是他們更想從死人身上奪取更直截了當，「卒斃者，凡

金珠之類莫不取，而衣服擇好者取焉」。即把閣下幹掉後才奪走你的衣服財物更實際。

IV. 即興群演可避劫

在廢墟中躲了幾天，未成為冤魂的話，還有兩項保命方式：

一是扮屍體，王秀楚記載：「……眾婦皆伏臥積薪，以血膏體，綴髮以煤，飾面形如鬼魅，鑑別以聲。」大概閣下看了戰爭片的場景可用上了，要不動聲色，「死」在一堆木柴旁，以屍體血塗臉、頭髮則塗上黑漆漆的煤，即化裝成中國式鬼娃娃，如改成西洋鬼娃娃，必死。如果在屍堆偶然見到城破身死、屍體無蹤的史可法（1602-1645）督師，在情況容許下，可以給予簡單埋葬，可憐今天人們都是拜祭他的衣冠塚而已。

二是「躲貓貓」，雖然是最低端的技能，但躲於久絕人跡的「古瓦荒磚」，在野外又應「蹲腐草中」，藏在不起眼處出現，實在是不錯之法。記得，一日導演未叫「Cut！」還是要演下去的，是否有效就要看閣下的造化了。因為據記載，清兵有時會以長矛狂刺草堆，令躲藏的人無所遁形。

V. 淫賤無恥可偷生

賄賂無效，但是「曲盡媚態，不以為恥」就有保命例子。書內記載幾名當地婦女「濃抹麗妝，鮮衣華飾」，顯出跟一般逃命婦女不同，方法是「每遇好物，即向卒乞取」，在氣定神閒中展示媚態、在優遊自在中表現淫蕩；「指揮言笑，欣然有得色」。雄性動物既然有「色」可得、必「笑」，獵物也可保命一時，但記載中只限女色，不談男色。

王先生不禁慨嘆：「我輩征高麗，擄婦女數萬人，無一失節者；何堂堂中國，無恥至此？」他也認為高麗女郎比揚州婦女更懂守節，對亂世婦女的死節觀十分失望。氣節與生命如何取捨，閣下就自行抉擇了。

及後清人朱子素的《嘉定屠城紀略》也指婦女逃亡亦慘被污辱：「慮有逃逸，悉去衣裙，淫蠱毒虐不可名狀。」

VI. 劫後未必可餘生

即使成功逃亡，閣下的生活仍然有不少挑戰：

其一：敵軍撤離，政府派救濟米也正常不過。先不要說什麼中飽私囊、扣押物品「落格」，單是要成功取米也是一大難關，「奪米之際，雖至親知交不顧，強者往而復返，弱者竟日不得升斗」。在弱肉強食的世界，升斗糧食也不得，結果也是死路一條。

其二：屍體聚積，瘟疫易傳，「道路積屍既經積雨暴漲，而青皮如蒙鼓，血肉內潰。穢臭逼人，復經日炙」。屍骨臭氣令你難以生存，後來清軍覺得死屍會造成瘟疫，將屍體堆在殘餘房屋上燒毀，連燒數天，而大火及濃煙也可以要了你的命。當心！

要在揚州十日大逃殺，關關要命，異常困難，是為本社推介的最難保命及噁心項目。諸位自行評估項目的風險指數。

29 | 紫禁城避偽刺客

 在萬曆四十三年（1615）的北京紫禁城試找找一個「不癲不狂，有心有膽」的傻人，找尋行刺皇上或太子的機會。

 紫禁城建於明成祖年間（1402-1424），是現存世界上最大的皇宮。萬曆廿五年（1597）曾發生大火，部份宮殿焚毀，之後修復成功。

 明末三大案之一的「挺擊案」目擊者，見證太子與皇上皮笑肉不笑的角力。

 計六奇《明季北略》

 不要穿得過份張揚，避免被打也避免被逮捕。

 ○ 拾獲案中大木棍，可作留念。
✕ 宮中珍品不宜亂取

　　或者史學前輩司馬遷（前 145- 前 86）很喜歡寫刺客，正史當中唯一替刺客立傳的就是他的著作《史記》，可惜曹沫、聶政（?- 前 397）、荊軻（?- 前 227）過後便後繼無人。嚴格來說，近 500 年的中國歷史上，無人成功行刺皇上，「呂四娘斬了雍正人頭」只是 400 年前人肉社交網絡的假新聞而已。但類近刺客的傻佬，在明清時期還是有的。

　　另一方面，明代的皇家宮城，大約等同清代的紫禁城，基本上都是宵禁的，沒有皇上聖旨，深鎖的宮門就是不會開。不過這世界上總有人食了豹子膽或者腦袋撞壞了，不知所以成功潛入宮中，有人認為他們懂輕功飛入皇宮，有人認為他們是瘋子的偽刺客而已。本社特別介紹明清時期的紫禁城怪客遊給諸位選擇。

　　I. 不明所以的棄卒

　　萬曆元年（1573）一月，年青有為、尚未腐敗的明神宗（1563-

1620）正準備早朝，早朝就是在凌晨四五時的會議，剛剛起床的他正在匆匆忙忙地趕上班。不過在途中撞上一名穿內侍服飾的陌生怪男人，此人二話不說就要衝擊他，充當「朝廷保安」的東廠馬上衝出來護駕，極速將此人制服，從他身上搜出一刀一劍。

刺客有個怪名叫王大臣（王是姓、大臣是名字，並非指王姓的大臣），生卒年份不明，據聞是曾對抗倭人的福建逃兵，因犯罪或欠債而被慫恿作案，背後就是被權臣鬥爭所利用，王大臣在作供時曾說：「許我富貴，怎麼榜掠我啊！且我哪裡能識高閣老（內閣首輔高拱）！」後來一般認為是內閣首輔張居正（1525-1582）及權宦馮保（1543-1583）對高拱的陰謀。

結局不難估計，王大臣這位替死鬼就被灌醉後擊斃。但真相如何，有待諸位解開。

II. 持棍打人的傻佬

對，又是神宗，或者這位中國歷史上不上朝最長的紀錄保持者特別易惹傻人。到了萬曆三十五年（1607），基本上他只躲在後宮，莫說是平民百姓，究竟這個天子是什麼模樣，內閣大臣都難以知曉。

但偏偏還是有個身材魁梧的男子叫張差，持一條大木棍成功闖入慈慶宮（太子朱常洛住處）胡亂打人，不過這位偽刺客武功奇差，搞了半天，只是胡亂打傷了一名太監就被制服了。這件怪事就是著名的明末三大案中的「梃擊案」。

在初審時張差承認是有太監帶他來犯案的，「小爺福大，沒打著！」即未能找上太子來打，再審時又改口扮傻。後來《明季北略》記載：「御史劉廷元疏言跡涉風魔，貌如點猾，刑部郎中胡士相等定為風癲，提牢官王之寀重加詰問，言有馬三道誘至龐、劉二太監

處」，即是指他被兩名太監帶進宮中作案的，沒有內應實在很難成事，而「跡涉瘋魔」、「貌如黠猾」則把張差說成是怪獸一般，以神經病為藉口作結。當然張差逃不過被殺的命運。

事後，神宗居然拿著太子朱常洛（1582-1620）的手說：「此兒極孝，極愛也。」可是時人乃認為這是太子的苦肉計，為了陷害鄭貴妃及其可能成為太子的弟弟，事件最後卻不了了之。事實上這兩件偽刺客怪案發生極快，因此要欣賞的就要把握時機，說不定可以當一回柯南，解開這個四百多年前的歷史謎團，不過欣賞時記得要保持距離，別惹禍上身。

III. 自以為是的行動

說了半天，諸位覺得一兩位傻子略嫌單調一點了吧？可以馬上飛去清代中葉，本社精選一件嘉慶皇帝（1760-1820）所說的「漢唐宋明未有之事，竟出大清朝」給諸位欣賞。

事緣當時山東有個白蓮教的支派叫天理教，頭目是林清（?-1813），他自稱懂武術及多計謀，財當然也發了不少。他有一個既簡單又快捷的超級謀反大計，就是直接殺入紫禁城暗殺滿清皇帝，以推翻滿清政權。

結果在嘉慶十八年（1813）所謂起義之日，居然有72名（另說200人）頭戴白巾、腰纏白布的鐵粉信徒應召，不過他們其實沒有槍炮，只是拿刀劍的烏合之眾，戰略是同時進攻紫禁城東西兩門。開始時，在宦官的接應下，這群人衝散了守門的禁衛軍，眾人跌跌撞撞地殺入內廷，然後化整為零地去搜索皇帝，卻嚇壞了一眾後宮佳麗。

朝廷的禁衛軍在京師的火器營增援下，用了整整一日一夜平

亂，亂黨全部被處死，據稱當時未登位的道光帝（1782-1850）更用鳥槍擊斃兩人，史稱「癸酉之變」。及後嘉慶皇帝還裝模作樣地為此下詔罪己。據說今天故宮的隆宗門仍插著一支箭鏃，一百多年來無人敢除，是朝廷保留以警示後人。

30 | 奇特意外過關律

 天啟六年（1626）在北京發生了王恭廠大爆炸

 王恭廠在北京城的西南方，是皇家的火藥局，即專門生產火藥的地方。

 見證世界三大自然未解之謎之一：王恭廠大爆炸（其餘兩項是俄國通古斯大爆炸、印度死丘之謎）。

 當時民間發行的邸報《天變邸抄》

 1. 戴眼罩、口罩以防塵土，隨身帶備食水及乾糧。
2. 危險度極高，一般穿越保險不包。

 關數全過後，自然會有首飾銀錢為獎勵（是否取走由閣下決定）。

　　一般而言，古代突如其來又難以理解的災禍不少，例如在人口密集的明朝京師，在萬曆三十三年（1605）已有過火藥廠爆炸的先例。《明史・五行志二》指出當時「火突發，聲若震霆，刀槍火箭迸射百步外，軍民死者無數」。起因是有人見火藥受潮而結硬塊，仔細地用斧子劈火藥，猶如油站工人在入油時吸煙般聰明，火光一閃，爆開百步以外，嗚呼哀哉。這些意外隨時出現，故穿越時切勿走近或降落在火藥廠，也要避開傻頭傻腦的人。

第一關→直接蒸發

　　不過有時候，不是不走近便能避劫，天啟年間（1621-1627）離奇的王恭廠大爆炸，就在五月初六早上九時發生，全個京城都受災，甚至說首都以外的地方（薊州城）也有影響。史載此次爆炸直接蒸發了兩萬餘人，無數建築物倒塌。

　　這個大爆炸有個無敵地震雙獎項，一個叫「中國歷史上最強勁

的地震」（傳聞），一個叫「世界上死亡人數最多的地震」（估計），未聽過吧？是的，因為大家都不認為那是真正的自然地震。其中一個理據是死傷者都是一絲不掛，當時宦官劉若愚（1584-?）所著《酌中志》（卷十六）指出：「凡死者之肢體多不全，不論男女盡皆裸體；未死者亦多震褫其衣帽焉。」男男女女的衣服被震飛（或炭化？），其威力更被認為是廣島級核爆。爆炸原因就留給科學家探究，諸位還是保命過關要緊。

第二關→天降巨物

如果巨爆本身弄不死閣下，下一關也是大考驗，準備好了嗎？首先，就要防避被捲上空中的房屋殘骸造成各種巨物墮下，不是普通的碎石瓦片磚頭，《天變邸抄》仔細記錄了「大木飛至……有五千斤，大石獅子飛出……」，這件石獅子更重 2.5 噸，可謂件件都「攞命」，被擲中的基本上都向閻羅王報到了。

伴隨巨物攻擊後有殘骸攻擊，說清楚是人體殘骸墜下，看來此局玩家都是「嚇死」居多，其時被捲入雲霄殘破的屍塊自空中徐徐落下，「時從空飛墮人頭，或眉毛和鼻，或連一額」，據說這場嚇人的屍骨雨下了兩個小時多。閣下作為穿越旅客，平時多養尊處優，故是次一定要食了豹子膽才去闖關，當時年幼的太子朱慈炅（1625-1626）就是過不了這考驗，在宮中受驚嚇而死。

第三關→巨獸攻擊

如果第二輪墮下物攻擊閣下仍生存，第三輪「打大佬」時候來了，將狠狠要了閣下的小命就是市面的亂局。明代沈國元的《兩朝從信錄》記載了當時御史王業浩（?-1643）的奏摺說：「因象房傾倒，群象驚狂逸出，不可控制也。」即大爆炸後，這些來自東南亞

朝貢國家的大象群受驚了，不被控制下到處亂衝亂踏。大象閣下應該見過，但受驚象群的威力有如二次爆炸。故諸位逃離現場時看來都要一身好武功，否則死在象踏下就更可憐。

第四關→癡漢潛伏

恭喜閣下成功過了頭三關，生存機會大增。然而，即使避災的道路上，也有不少令閣下扣血的麻煩人出現——「癡漢」。這些傢伙並不是東洋獨產，數百年前京城已有，他們會色瞇瞇地盯著沒穿衣服的逃難人群，打擊逃難者的自尊和信心。

《天變邸抄》說：「有一人因壓傷一腿，臥於地，見婦人赤體而過，有以瓦遮陰戶者，有以半條腳帶掩者，有披半邊褲子者，有牽一幅被單者，頃刻得數十人，是人又痛又笑。」即癡漢不顧自己的腿傷，還用眼球狠狠地追趕「各式各樣」的半裸逃命婦女，實在又執著又變態。因此閣下見有人望著那些逃難者的裸體發笑，故更要加緊逃亡，（就包容一下吧！）別花時間纏繞，生命事大，失節事小。諸位先保著小命再談道德吧。

第五關→求神保佑

此等大劫可以留在原地不逃難嗎？當然可以，但閣下乃要出絕招：「佛陀保佑」。此招如何使出？《天變邸抄》有一則故事說：潘雲翼夫人平日食齋誦佛，當時「抱一銅佛跪於中庭，其房片瓦不動」，即緊抱佛像，房屋便不震盪，可是丈夫的 10 名姿女「俱壓重土之下」。可謂大婆出招，小三全滅，這位潘夫人的際遇更勝塞翁失馬了。不過人家可能久經「訓練」，諸位還是不要模仿。

再者，明代太監劉若愚的《酌中志》又指「凡坍平房屋，爐中

之火皆滅」，即大爆炸過後香爐中煙火反而熄滅，這個現象是否代表神明不能幫忙，閣下就不得而知。

第六關→賑災不到

最後，關關難過關關過，有幸走出了中心災區，日後如何維持生活呢？明熹宗（1605-1627）當時的確有下詔罪己，然後捐一萬兩黃金賑災。誰都知道賑災物資等上一年半載，來到你的口袋時可能只有一元半角而已，所以應該馬上就地取材保命。當時死傷者的「衣服俱……掛於樹梢」，但閣下就別爬樹了，反而向廣場、操場的平地去找，「昌平州教場中衣服成堆，人家器皿、衣服、首飾、銀錢俱有」（《天變邸抄》）。還是先取衣服蔽身，後取器皿盛水，慢慢再打首飾的主意吧。

禍不單行，到崇禎年間（1628-1644），京師西直門內的安民廠又有爆炸，「都城十餘里內，覺地軸搖撼不已，若地震……死皆焦黑。更有崩至城外數里」。可見古代離奇意外並非單一事件，諸位記緊逃亡步驟，步步為營。

不過若有命回來分享「地震、龍捲風、火藥爆炸」的連體怪，或可重新解釋這自然謎團。

31 | 洪水海嘯躲災法

 光緒十三年（1887）在河北到北京一帶，見證黃河決堤成超級大水災。

 十九世紀末的華北，政治及社會結構變化不大，對西方事件較南方抗拒，但亦有不少流出洋人拍攝的照片以供參考。

 在「無舍不漏，無牆不傾」的北京城東，有無名救難英雄，以欣賞人性的光輝。

 震鈞《天咫偶聞》

 1. 木閣、小船、救生衣、傘、葦席油紙。
2. 要懂基本泳術

 ○ 義勇為：德行。
× 視而不見：惡行。

　　《老子》認為「天下莫柔弱於水，而攻堅強者莫之能勝，以其無以易之」。水，深不可測，狀態多變，連攻堅強者也難完全把握勝算，唔明？簡單點說：「欺山莫欺水。」

I. 黃河決堤要留神

　　被譽為中華文明發源地的黃河，全長五千多公里，流經多個省份，它不時發揮無窮的破壞力，故有「三年兩決口，百年一改道」的習慣。更有統計指由漢文帝即位（前179）到清道光年間（1821-1850），黃河改道二十多次、大型洪災有三百多次、決口泛濫有一千五百多次。因此諸位撞上各式水災，究竟可以怎樣呢？

　　自南宋起，黃河長期泛入淮河，慢慢造成水土流失、可耕地板蝕掉、沙泥日增，日後更容易泛濫。泛完又修、修完又泛，災民無數。結果在至正四年（1344），有一名未成年的災民因淮河大水而全家死清光，被迫到寺廟出家當和尚，他叫朱八八，（目不識丁的

基層通常以數字為子女命名）即是後來的朱元璋（1328-1398），屬害了吧？不過閣下如果相信「受災＝起義＝做皇帝」這公式是可行的，那就錯了！這樣的機會率大約等於連中三期六合彩頭獎。

II. 近代最兇猛洪水

在十四世紀初元朝統治時期，黃河河水漫溢出堤岸，堤岸崩潰淹沒農村。蒙古統治者根本未能解決問題，導致亡國。但奇怪的是，明初立國的 100 年內水患很少，政府也不用在這方面花心思。到嘉靖及崇禎年間才有較大型水災，相比之下嚴重性不高。

清末出版的有關北京遺聞軼事的《天咫偶聞》（作者是滿洲貴族震鈞〔1857-1920〕）對水災有仔細記載：「京東大水，通州水幾冒城，自是無歲不水。」即十九世紀左右，當時年年都有水患，而京城內的建築物全部受災。

到近代最強勁的黃河改道，則數光緒十三年（1887）的黃河決口大水災。當時河南省在暴雨後水位上漲，接著黃河在流經鄭州市的急轉彎處決口，湧向全城。柔弱的水變身兇猛的洪水，幾秒鐘內淹了鄭州城，水深十幾米，然後洪水再沖掉中牟城，然後出現多條河口缺口，及後暴雨連連「黃河決溢，內河泛濫」之連鎖效應，數十個省市被波及。

據說水位的高點到達開封古城時水位高達 40 米，完全淹沒了開封以東數千個村鎮，「洪水橫溢、廬舍為墟、舟行陸地、人畜漂流」，更有整個小城葬身於水底世界，但最保守的死亡人數估計為 150 萬人，也有學者估計為 700 萬人。

III. 見義勇為好漁民

《天咫偶聞》又說：「無室不漏，無牆不傾」，即所有建築物的上

上下下都摧毀了，災民都聲嘶力竭。城面上的「東舍西鄰，全無界限」，鄰居都從有界限的陸地落在無界限的一片汪洋中。人們在行走之時，不論遠近，都要坐小船或木閘往返，「而街巷至結水伐往來」，當時「人居水中」，故衣食住行都非常不便，別當是水都威尼斯般浪漫，之後的傳染病及糧荒也是折磨人的。

事實是「人皆張傘為臥處。市中葦席油紙，為之頓絕」。換句話說，洪水把整間房屋沖掉，災民只能故亂舉傘為住處休息，加上當時百物騰貴，連編製席子的蘆葦及用來打傘的油紙都給賣個清光，因此作者感慨地寫下：「誠奇災也」。

清代學者魏裔介（1616-1686）創作的《哀流民歌》說：「田廬水沒無乾處，流民紛紛向南去。豈意南州不敢留……恐有東人不我恕。上見滄浪之天，下顧黃口小兒，命也如何！」田地房屋皆被淹，即使逃命他方也不是辦法，人家的省份也不敢接濟你，看著一家老少，只能無語問蒼天，泣訴命運的不公。

然而，最在身心都遍體鱗傷之時，總會有雪中送炭的情況出現，震鈞親眼目擊北京近郊的年青漁民，撐小舟在受災處多次以救人為業，震鈞並在書內加以表揚：「大水時，燕郊村民朱殿洪，以捕魚為業。小舟出沒於巨浪中，專以救人為事，所活甚眾。」這個有名有姓的漁民朱殿洪以小舟在惡劣環境當中拯救多人，「其妻懼其險也，泣涕力諫，不為之止，然卒無患。余曾見之，二十許人也」。最初朱太太認為實在太危險，聲嘶力竭又哭哭啼啼地反對。然而他也不曾理會，終於救了二十多人。可是閣下如受洪水所圍，是否這樣幸運得救就不得而知。

IV. 古代海嘯可以避

海嘯比黃河、淮水決堤會更恐怖嗎？史實可告訴閣下答案：不會。因為中國北方海面的平均深度不高，約 20 至 40 公尺，遇到海嘯的機會近乎零。但廣東福建等沿海地域已屬於海洋地域，河床高達 1200 公尺，故南方出現海嘯的機會還是有的，但至少紀錄上不多。

事實上，中國最早的海嘯記載是在東漢後期「北海地震……海水溢」寥寥數字，即地震之後，海水滿溢乃隔地震而來，然後就沒有然後了，或者官員把海嘯等同水災，古代中國受海嘯的威脅相對地不大。

較仔細的記載是明初太湖附近，據《輟耕錄》記載：「夜四更，松江近海處潮忽驟至，人皆驚，因非正候」，因並非正常的潮水漲退，突然在凌晨一至三時突然有潮水湧至，人們對此大驚。「至辰時正潮至，遂知前者非潮」，後來才知道之前是海嘯不是正潮。「忽水面高漲三四尺，類潮漲」也沒有什麼大不了，可見古代中國的海嘯與黃河決堤相比，都是小兒科罷了。

旅遊項目風險評估

旅遊項目	風險指數（1—10）
28. 屠宰場暗黑團	10
29. 紫禁城怪客遊	5
30. 大爆炸偵探團	9
31. 水災夏日嘉年華	8

魑魅魍魎篇

在超自然及難以用常理解釋的穿越活動中旅遊。

本篇風險指數較高，適合愛刺激冒險、包容性高、古靈精怪的深度穿越愛好者。

欸！你怎麼沒有頭髮？

Ameng

Mpro

哼，你們頭髮也沒幾根！

但你沒穿衣服，醜死怪！

另有不少非人非鬼的神秘生物，如外星人、小樹人、獸人等，喜愛刺激冒險、古靈精怪的你不要錯過～

你有見過這位嗎？我想找他要簽名。

讓我看看，啊！這個種族是住西方的。

到了旅程的終篇，我會帶大家接觸古代各種不思議物種。

起程前請先自備驅鬼道具，之後會介紹各種古人避鬼法及其要點。

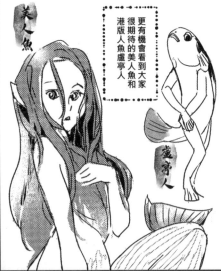

美人魚

盧亭人

更有機會看到大家很期待的美人魚和港版人魚盧亭人。

大王，最近有天災，我和白無常都忙不過來⋯⋯

對啊，我忙得連舌頭也掉了下來。

會否考慮找些臨時工來幫忙一下？

亦會為大家介紹一份很特別的part time 活陰差

32 | 避鬼方式何其多

 正始十年（249）在河南南陽縣（詳細地點由當地街坊指示）「撞鬼」

 見證世紀大奇聞，鬼是會被嚇死，沒有錯，是人嚇死了鬼。

 自備驅鬼道具：（入門級）狗牙（據說狗能看見不乾淨之物）、大蒜、剪刀等；（專業級）鍾馗像、八卦鏡、桃木劍等。

 神怪敘事是南朝一貫的風氣，某程度顯示了當時的社會思想開通，生活較自由。

 1. 干寶《搜神記》
2. 紀曉嵐《閱微草堂筆記》

 可在市集購買鍾馗像（元祖版）帶回家辟邪

鬼怪之說，信則有，不信則無。本社建議各位自行判斷是否帶上這些道具，功效因人而異，而穿越後會否撞鬼的不確定性很多，諸位務必打醒十二分精神，以下將以一些例子去說明避鬼方法，當然成功與否，閣下自理。

I. 心無雜念有正氣

乾隆皇帝（1711-1799）的「愛卿」紀曉嵐（1724-1805）在《閱微草堂筆記》說了個既惹鬼又避鬼的故事。話說某鄉有一名少年行山，遇到一位穿著紅裙藍帔的少婦獨騎一匹驢慢走山徑，再仔細打量少婦貌如東洋女優，身材玲瓏浮凸，實在令人想入非非。

但少年天生敦厚、溫文守禮，保持距離而未有歪念。及後到森林深處，少婦停下向少年說：「君秉心端正，大不易得。我不欲害君，此非往某處路，君誤隨行。可於某樹下繞向某方，斜行三四里，

即得路矣。」即妖精不想陷害好人，並指導正路給他離開。說罷少婦自驢背躍起、隨風消失，再看驢子竟然變成一隻狐狸。可見心無雜念、人有正氣乃避鬼的最重要元素。

狐妖未成神靈，紀曉嵐先生特別提到狐妖還是會怕幾類「人」，包括神仙、術士、運氣旺的人、有德行（特別是孝行）的人，最後一種竟是暴力躁狂王，因為這種人的氣場烈性兇猛，連狐妖（其他鬼魂？）也不敢靠近。

II. 恥與為伍鬼亦怕

如題，大膽不是軍人專有，普通人也可以有，當然膽子大到「撞鬼」也不怕就是真正強者。崇尚道教、清心寡慾的嵇康（223-263，竹林七賢之一）就是個十分大膽的普通人。明代曹臣的小說《舌華錄》說，一天晚上嵇康在燈下彈琴，突然飛出一個身穿黑衣黑衫的鬼，臉甚小，轉眼間變到丈餘大，並擋住燈光。

嵇康一見，不慌不忙地吹熄蠟燭，並大聲說：「恥與魑魅爭光。」鬼聽後受了重大刺激，化作一灘血水，「灰爆」地死去。記著大膽說一句「恥與為伍」，或許對鬼怪會有實效的。

此外，傳統亦有「做壞事、畀雷劈」的傳聞。給閣下五雷轟頂的乃是雷鬼（大約是中式雷神），不像荷里活電影，中國雷神長得不英俊，面容灰灰藍藍，頭頂長有長角，背後有青色的大翅及長長的尾巴。打雷中有時會拿斧頭，有時拿棍子。

清代梁恭辰《北東園筆錄續編》云：「雷擊先插小旗」，即在打雷之前，會先在罪人頭上插旗子導擊。這個舉動，某些小孩子會見到，故要留意小孩的突變表情了。基本上無人想反攻雷鬼，但閣下自命膽子大且想向高難度挑戰，本社惟有成全吧。據說雷鬼的弱

點是屁股和翅膀，一旦成功擊中，雷鬼便會墜地不起，變回普通生物。重複一次，前提是「成功擊中」。

III. 比癡線鬼更癡線

沒有最癡線，只有更癡線。對付鬼怪之法乃比其更癡線，晉代干寶（286-336）的《搜神記》內有個故事，話說河南南陽縣內有個叫宋大賢的人，某夜留宿在市郊一座涼亭內，夜半時忽然冒出一個獰目齜齒、樣子嚇人的惡鬼，想恐嚇宋大賢。大賢哥不慌不忙地鼓琴，好久不停，音色鎮定，結果鬼無癮地離去。

不久，心有不甘的惡鬼拿來了一個死人頭，將人頭扔到宋大賢面前嚇他。大賢哥再次不慌不忙地拿起死人頭當枕頭睡，而當惡鬼正要發難時，他猛然發難突襲惡鬼，成功將其殺死，原來又是一隻狐狸化身。就這樣超級屠魔戰士橫空誕生。重複一次，各位留意前提是「成功將其殺死」。

IV. 怨恨多疑易惹鬼

民間有小孩容易惹鬼的傳聞，小孩不應參加此團。面相書指出，性格陰暗、多疑、具怨恨之心的婦女最易撞鬼，原因是她們的陰氣相對較重、體質較弱，最容易撞鬼。

因此古人推斷，受過情傷、離異的婦女更易撞鬼。再者，命格較差的人，自認不停行衰運的人，古人覺得其特質是磁場帶有陰性，故身上的「光」是灰色的，一點也不明亮，容易被鬼盯上。故此閣下自問是衰運命格，就不要參與這些穿越項目了。

另一方面，明代的《幽怪詩談》一書中，出現了一個名喚「金竟之」的方鏡妖怪，談吐自若。鏡中居然又寄居了一位美人（女鬼），即妖中又有妖，大概因為鏡子是女子鍾愛之物，所以妖怪的變化也

追隨了主人的形象吧。本社還是建議大家，要回到從前，還是不要帶上鏡子，也別拿鏡子回來。

V. 真鬼見愁食百鬼

話分兩頭，人們常常為避鬼而擔驚受怕，鬼怪本身難道沒什麼東西可怕呢？放心！有的。宋代李昉（925-996）等編的《太平廣記》指當時南方有奇人叫「尺郭」，「其長七丈，腹圍如其長。朱衣縞帶」，很難想像有什麼東西身材高大，但肚腩的闊度跟身高一樣，簡直是個黃金比例一比一的正方體，但是「朱衣縞帶」乃代表奇人的衣帶都是華麗名貴的。

然而，最難以理解的是奇人不需要食飯，「不飲不食，朝吞惡鬼三千，暮吞三百。以鬼為飯」，早上食三千鬼、晚上食三百鬼，其他什麼東西也不食。粗略估計，一天食鬼三百三，一年食鬼超過10萬隻，基本上是地府裁員最佳利器，名符其實鬼見愁也。

VI. 狗屎臭鞋可驅鬼

你說我就是怕撞鬼，鬼理他是什麼名堂的鬼，分門別類來幹什麼呢？難道撞鬼時還要查說明書不成？本社直接介紹一些小方法給閣下吧，早在先秦時期《韓非子》已認為「狗矢浴」（以極穢的狗屎全身沖涼），可以用來驅鬼，是為以毒攻毒的概念。

對對對！別打臉！狗屎太難掌握了，怎麼會帶上狗屎穿越呢？即使到達目的地，胡亂從地上撿拾也不可能吧？放心！還有一個，那麼鞋子一定會穿了吧。有說法指閣下撞鬼只要馬上脫下一隻臭鞋扔向它，鬼自然閃開，尤其對討食的餓鬼特別奏效，成本低廉，效果顯著。方法簡單，可以一試。

33 | 非鬼非人超接觸

 元和十三年（818）在山西太原一睹「天衣無縫」的故事

 見證古代與高智慧、天衣無縫的織女星人超接觸。

 PG 家長指引：本穿越項目部份內容可能令人情緒不安並涉及成人情節，敬請家長留意。

 元和中興是唐代中後期的中興時期，社會有十多年的穩定期。

  1. 李昉《太平廣記》
2. 張薦《靈怪集》

 當時的神怪小說大都殘破失傳，如可以帶上孤本回來，可更了解當時士人心態，亦具收藏價值。

真是豈有此理！外星人接觸也是穿越古代的項目？是的，史書內亦有與外星生物接觸的篇幅。

歷代都有不少文人用「飛車」、「赤龍」、「車輪」等字眼記載不明飛行物體（UFO）到訪。近代最早有 UFO 實質證據的是清代畫家在光緒十八年（1892）的《赤焰騰空》，內裡有許多身著長袍馬褂的市民聚集在南京夫子廟朱雀橋頭，仰望空中之飛行物。

國際定義「第一類接觸」是在 500 尺內目擊不明飛行物體，可以詳細解釋。「第三類接觸」是指真切見到「非鬼非人」，並且作某程度的交流，如交談或心靈感應，諸位可按自己的喜好選擇所接觸非人非鬼的等級。閣下可以因應不同觀賞等級去選擇自己喜歡的項目。

觀賞等級☆：雞首人

如果以為第三類接觸只出現在野史及筆記小說就錯了。事實上，《宋史・五行志》（記載天文章節）也有短短的奇事記錄。宋

孝宗年間（1162-1189），長安城內有一名高約丈餘、雞首人身的「人」，從天而降，「他」高調地在大街上四處行走並嘗試與途人交談，但人人以為見鬼紛紛走避，最後更不了了之。

觀賞等級☆☆：火星小青人

想真實接觸外星人？有！干寶（286-336）的《搜神記》有接觸此等「非鬼非人」的真實記載。三國時期的吳國某地，有一群兒童正在快樂地嬉戲，突然走來一名像六七歲小童的小怪人，他穿著綠色衣服而眼中有光芒，「長四尺餘，衣青衣，眼有光芒」，要跟他們玩耍。小童都奇怪問他是誰呀？「我非人也，乃熒惑星也。」（熒惑星即是今天的火星之舊稱）嚇得小童都哭起來。

小青人臨離開前再次挑機，拋下一個核彈：「三公歸於司馬」，之後便離開，小童再一次大哭。雖知道在魏、蜀、吳還未結束的分裂年代，說一句這樣的話實在比敏感更敏感，然而西晉立國後大家始敢把這「第三類接觸」以目擊神仙形式傳開來。

觀賞等級☆☆☆：試場青面人

有時撞上外星人比見鬼更慘。清代和邦額（1736-?）的《夜譚隨錄》有這樣一個故事，雍正年間（1723-1735）各地的舉人都齊集京師會試，準備大顯身手。考呀考呀，某考生內急上廁所，可是過了兩小時未返，朋友都焦急相救，一看原來他暈倒在廁內，旁邊乃有「一白人，面作青白色，兩眼大如雞子，碧而有光」，大家都以為見鬼，外觀形象應該是跟前述的小青人是同宗。最可憐的乃一眾考生都嚇得交了白卷，多年奮鬥就給青面人報銷了。

觀賞等級☆☆☆☆：裸女升天

還不夠刺激？本社建議閣下嘗嘗超越第三類接觸的觀賞體驗

吧！外國權威把第三類接觸延伸分類為第四至九類接觸，其中第七類接觸為與外星人交配或生出異種。五代杜光庭（850-933）的志怪小說《仙傳拾遺》有個似是而非的故事。話說漢中有一名女子，居瀘、沔二水之間，某日在河邊洗衣服，之後懷孕了，（原文記錄如此，大家別打臉啊！）父母必然以為女兒外出洗衣時與街上流氓有私情，當然大加責備，不久褒女憂鬱而終。死前向母交代後事：「死後當以牛車載送西山之上。」

父母只好遵從，把她的遺體放在牛車上準備出殯，可是牛還未到，車卻突然自行起飛，直上平原山山頂之上，家人怎樣也追趕不到，及後「天樂震空，其女昇天，視車中空棺而已」。棺材居然是空的，死了的女兒居然升天，看似是一幕外星飛船回收外星異種的科幻片情節。

觀賞等級☆☆☆☆☆：天衣無縫織女星人

然而，性價比最高、也是本社重點推介的第七類接觸，乃在唐代出現的織女星人，五代前蜀牛嶠的《靈怪錄》內提及唐代中葉時，太原有書生叫郭翰，他「姿度美秀，善談論」，樣貌秀美且書法也好，加上尚未成親。郭先生整個套餐用一個字形容：「爽！」

某個炎夏晚上，郭先生在外乘涼，「仰視空中，見有人冉冉而下，乃一少女也」。天降美少女，難得郭先生未被嚇跑，仔細打量少女外表「明艷絕代，光彩溢目」，美麗少女皮膚細膩，舉止溫柔害羞。

他再仔細觀察少女衣服「並無縫……非針線為也」，就是成語「天衣無縫」的來源。不過最精彩的部份乃是成語故事無法說明的。該明亮少女向郭翰說：「上帝賜命遊人間，仰慕清風，願託神契。」

郭先生都應該管不了什麼「上帝」、「神契」，因為接著大家「攜手昇堂、解衣共臥」，即手拖手一起入睡房，接著翻雲覆雨、兒童不宜的片段，到早上郭翰送她出門「凌雲而去」，接著「夜夜皆來」，當然次次內容都是兒童不宜，閣下一定想這位小書生應該中了六合彩頭獎吧。

當然，塞翁得馬，焉知非禍？一天突然美女說「帝命有程，便可永訣」。喂！先等等！要走？還要到「永訣」這個地步？之後等了又等，「是年太史奏織女星無光」，意思是遙望娘家音訊全無。之後郭翰真的「沉船」了，「凡人間麗色，不復措意」，用「喜愛夜蒲」的口吻解釋，「唉！」食完外星美食，實在看不上家鄉食物。不過最可憐的是因為家庭要孩子繼嗣，勉強娶了姓程的女子，一起過活不久，雙方反目成仇、離婚收場。

此等懸疑奇情加香艷的情節，實在是上世紀港產三級片的絕佳好題材，誠意獻上這個暗黑團給各位穿越者。但無意觀看與外星人交合者，還是避開為妙。

34 | 一看無妨獸形人

 乾封元年（666）在洛陽（實際穿越地點就要看運氣了）追蹤古代中國獸形人

 隋初以大興、洛陽一帶為中心，唐初則以長安為首都，到五代初期，長安遭受嚴重的破壞，政治中心又回到洛陽一帶。

 平常心欣賞及看待中國古代各種的非我族類

 李昉《太平廣記》

 必帶物品：銀兩（面對饕餮）、笑容（面對大腳八）、保育及包容心態（面對樹人及小仙子）。

 如帶上大腳八的腳印或毛髮的真證據，在外國的網站可賣上好價錢（相信不會影響歷史的推進）。

　　介紹「獸形人」之前，諸位先閉上眼想想黑天鵝是什麼樣子的？不是深井燒鵝，別歪想了！事實上，歐洲人在到達澳洲前認為所有天鵝一律都是純潔的白，根本不知道世上有黑色天鵝這回事。結果當第一隻黑天鵝在澳洲被「發現」時，眾人被思想大衝擊，實在「巧驚驚」。

　　這個「未知之不知」低估極端事件的出現，結果導致「出乎意料」的巨大影響叫做「黑天鵝效應」，也是金融界至愛術語。

　　事實證明，中國古籍對獸形人有真切的記載。所謂獸形人，又稱獸人、獸化人，或傳統書籍叫做「妖精」，比如民間記載的牛頭馬面、蛇精、狐貍精等。當中又以六朝時期（魏晉到陳朝滅亡）時期的江南更多。因為政治更替相對較少，經濟富庶。

　　文人雅士對神怪事物的接受能力都較高，介紹奇事怪物的書籍應運而生，如古代「地理」書《神異經》。比如經典的獸形人傲因，

會穿著破爛衣服（「著百結敗衣」），手像老虎的利爪（「手虎爪」）。喜愛襲擊單身旅人並食其腦漿，向牠們投擲大石可殺之（「燒大石以投其舌，乃氣絕而死」），是否找到大石或是否擲中他又是另一回事，好給閣下穿越時遇上也有個心理準備。本社不定期推出類獸形人的另類團，計有：

I. 小樹人「卡娃兒呢」

荷里活英雄科幻電影《銀河守護隊》中有個可愛小樹人，事實上唐朝野史《朝野僉載》指江西也有樹人記載。「楓木人……長三四尺」，遇夜雨樹則生長，如遇人類就縮回去。曾有人拿笠子掛在樹枝，第二天笠子已經升到樹頂去了。

到明代的《筆塵·海中銀山》記載：「海中有銀山，生樹，名女樹，天明時皆生嬰兒，日出能行，至食時皆成少年，日中壯盛，日昃衰老，日沒死，日出復然。」閣下要觀察樹寶寶或小樹人，就要好好掌握一日的各段時間，因此奉勸大家還是愛惜樹木，穿越時別忘記學校的環保教育。

II. 有禮長壽小神仙

話分兩頭，不是所有獸形人都是殘暴變態，其實也有像西方神話的小仙子（little fairy）物種。當然「小仙子」就不要亂說出口，古時乃妓女之意，惹人誤解。

傳聞是東方朔（前 154- 前 93）撰寫的《神異經》有記載在天朝西海有個叫鵠國的地方，當地的男女都只有七寸身高，大約是普通洋娃娃的高度。《神異經》說：「為人自然有禮，好經編跪拜。」真仙景也！不過「仙子讀經」都是文人士子一廂情願的想法，難道經書比我們的指頭還要小？再者，小神仙都有 300 歲壽命，並且「行

如飛，日行千里」，壽命長、有禮貌又能飛，羨煞旁人。

不過這些小仙子有一種天敵，就是海鵠。海鵠飛過之時會捕獵並吞下他們，但最奇怪的是小仙在「鵠腹中不死、亦壽三百歲」，實在令人摸不著頭腦。如果閣下有機會見識到好經有禮的鵠國也「回本」了。

III. 似猴非猴大腳八

有些人認為大腳八跟「湖北神農架野人」、「贛巨人」或「新疆雪人」等相似，也是美洲的大腳的遠親，中國大腳八是到今天仍然存疑的類人類神秘物種。

這跟先秦時期的「三百野人」營救秦穆公（前 683- 前 621）的故事不同，大腳八不單沒有教化，也應該是沒有社會結構及未完全進化的類人猿「物種」。據稱在現今世界各地仍有不少的目擊個案。

綜合古今情報，大腳八大約都是單獨行動、臉長如驢子、耳朵比人大，而且他們（姑且不用動物「牠」吧！）身上氣味難聞、全身佈滿紅色毛髮，身形上寬下窄，屁股肥大、「會殺狗」；再者，基本上是直立行走，且走路無聲、腳板超過四百多毫米，更有人認為其實是人猿雜交的「猴娃」，眾說紛紜。

《山海經》稱他們為「山都」，後來叫「山都木客」，經內也指：「南方有贛巨人，人面長臂，黑身有毛，反踵，見人笑亦笑」，反踵即腳跟反向也。宋代李昉（925-996）等編的《太平廣記》則說「似猴非猴、似鬼非鬼」，而他們當中有怕人的、有不怕人的，跟前述記載相同，「見人輒閉眼、張口如笑」。至今暫未發現古籍有大腳八殺人的記錄，但保持笑容還是重要的。

IV. 饕餮恐怖食人腦

諸位可能覺得奇怪，這麼多的獸形人，怎可能未聽過饕餮？見過的。「饕餮」就是出現在張藝謀導演的《長城》內，那些攻城奪地的群居怪物，人面獸身，「面目手足皆人形」，一說脇下有眼，一說脇下有翼，但只可跳躍而不能飛翔。

不過，《神異經》又指出牠們有財富的概念，更「積財而不用，善奪人穀物」，但同時會食人肉。跟饕餮搏鬥的方式就是團體作戰，避免和牠們單打獨鬥，又或可以嘗試付款逃命。

注意：猶如觀賞極光或日出般，是否可以確切地欣賞就要看諸位的造化了。另外，以上團隊恕不招待 12 歲以下的兒童。

35 | 美人魚不宜褻玩

道光廿一年（1841）在香港大嶼山近大澳一帶海域欣賞美人魚

觀看比中華白海豚更尊貴的「海洋生物」

1. 為吸引人魚靠近，自備笑臉乙個及少許白米。
2. 面對人魚只可遠觀，不宜褻玩。

英國人來開埠前，香港市區的人口不多，但已是珠江一帶漁民的交易聚腳處。

鄧淳《嶺南叢述》

如找到或買到媲美秦始皇陵墓的燭光「人魚膏」，回來現代世界加以生產，利潤可觀。

傳說美人魚乃半人半魚之怪物，源於希臘神話中的金嗓海妖賽任，她在深海中以淒美的歌聲來誘騙遠洋船員，令船隻撞向暗礁沉沒，再獵取其肉體及靈魂到萬劫不復的深海。到了十八世紀，荷蘭人聲稱在印度洋捕獲第一隻美人魚。這人魚長約 59 吋，髮色似海草、灰色臉孔，指間的蹼都是橄欖色。據說荷蘭人將其放在裝滿水的大桶中，但人魚卻在數天後絕食而死。

I. 海人魚狀如美人

在先秦時期，《山海經》已提及魚頭人身的「鮫人」出現。《史記》指出秦始皇（前 259- 前 210）在酈山陵墓時，內裡「以人魚膏為燭，度不滅者久之」。換句話說，「人魚膏」已當高檔照明燭來使用，而且可以使用非常長的時間。可見司馬遷（前 145- 前 86）更把它重視到要放於史冊內。晉代干寶（286-336）的《搜神記》記載：「南海之外，有鮫人……其眼泣，則能出珠。」即一般的民間傳聞認為人魚的眼淚就是珍珠了。

宋代李昉（925-996）等編的《太平廣記》有關美人魚的記載更為仔細：「海人魚，東海有之，大者長五六尺，狀如人，眉目、口鼻、手爪、頭皆為美麗女子，無不具足。」此說明了外表如人的「海人魚」在東海出沒，大約是普通女性的高度，五官及身軀猶如美麗女子，實在是會令人引起無限遐想。又說：「皮肉白如玉，無鱗，有細毛，五色輕軟，長一二寸。髮如馬尾，長五六尺。」然而，描述當中「皮肉白如玉」、黑髮長如馬尾，即是身上長有細毛也令人想入非非。噢！再講下去，前述的宋代青樓團將難以成行了。

　　香港美人魚又叫「盧亭人」，清代東莞人鄧淳（1776-1850）的《嶺南叢述》記載：「傳係盧循遺種，今名盧亭，亦曰盧餘。」盧循（?-411）是誰？他並非虛構人物，是晉代河北省人，曾當永嘉太守，東晉末期以五斗米道聚眾造反，起事有樓船千艘、以淅閩海島為基地，攻力機動。後曾攻陷廣州，被封為廣州刺史。不久作亂失敗後全族自殺，一些部下則流亡到香港大嶼山一帶。

　　然而，東晉以來一直有傳聞他的後代中了道術，變作半人半魚的怪物在水中生活，能在水中連游三日三夜，出沒範圍在大嶼山至東莞一帶，經歷多世，不斷有相關的目擊或接觸個案流傳，一般稱之為「盧亭魚人」。

　　到清代屈大均（1630-1696）的《廣東新語》又云：「有盧亭者，新安大魚山與南亭竹沒老萬山多有之。」新安縣即之前的寶安縣，「大魚山」即今天的大嶼山及附近的島嶼，一路延伸到近東莞五邑一帶的海岸，都有不少人魚的傳聞足跡，可謂是貨真價實的「邊荒傳說」，又是中原華夏文明對邊陲的神怪論述，還有人認為這個美人魚族群其實是蜑家人的始祖而已。

II. 人魚包養變人妻

那麼諸位在穿越時如何欣賞到大嶼山的美人魚呢？《嶺南叢述》就指「她」們「出沒波濤，有類水獺……投之水中，能伏水三四日不死」，意即如水獺般水性特好，潛行多日，人家可不是中華白海豚，並不是簡單租隻船出海便可以見到。《廣東新語》則指「她」們「見人則驚怖入水，往往隨波飄至」，我們這些現代人對於隱藏及追捕大型哺乳類動物的認知都是近乎零？一般而言，古人說人魚「其長如人」大約是人類的高度，「她」們在陸地上基本與人類難以分別，更有傳聞指人魚上岸後給村民包養了，人魚升格為人妻的例子。

另外，黃眼睛及金色頭髮（「毛髮焦黃而短，眼睛亦黃」），大約有外國人的模樣，更是村民向街坊炫耀的好利器；不過有說法同時指出人魚會「久之能著衣食五穀」，即是可以同化為人的。換句話說，這次穿越團就沒戲唱了。

同時人魚「往往持魚與漁人換米」，看吧！以物易物的對等交易都適用，推斷人魚在食魚同時也會食飯的，同時也沒有人魚搶劫漁人的記載。不過有傳聞指大澳曾有農民的雞隻被吸乾血而死之情況，有人懷疑是人魚上岸覓食的所為，真偽難以求證。換言之，閣下走在大嶼山的舊村，發覺有上述容貌的怪人或美人，很大機會就是盧亭人魚了。

III. 善良人魚要保育

然而，人魚多藏於海上，動作敏捷、難以追蹤，那麼在海上撞上人魚會危險嗎？據《嶺南叢述》所說，當年曾發狂追擊人魚的老

司機證實人魚本身並無言語，「惟笑而已」，當然跟同伴溝通時，則發出跟海豚差不多的聲音。

似乎「蓋人魚之無害於人者」，無害善良形象已深入民心，諸位也應該以笑容對待她們，不過仍有迷信講法認為她們是天后娘娘的女兒，有漁民因捕獲人魚而染病死亡，故此奉勸諸位穿越旅客留意「眼看手勿動、稀有物種要保育」，也千萬別抱著捉走一條美人魚的幻想。

* 美人魚屬傳聞及非自然現象，無法保證遇上，敬請留意。

36 | 暗黑遊之活陰差

 乾隆五十四年（1789）在蠱峰觀看一個活人到陰間做事的情況

 奇聞：見識活人可以食到燒給陰間的祭物。

 1. 學電影《潛行凶間》，隨身自備陀螺，以免真假世界難分。
2. 此穿越項目設有參加限制，詳情請與本社職員聯絡。

 乾隆時期（1736-1796）是近代中國的黃金時期。但民間迷信風氣高、妖術盛行，由江西傳至華中多省，可見人心不穩。

 1. 黃邛《酌泉錄》
2. 黎澍《幽冥問答錄》

 「未知生、焉知死」，活陰差都是少接觸為妙。無手信可買。

　　傳統儒家思想認為「未知生、焉知死」、「敬鬼神而遠之」，沒有刻意提及鬼怪之說，所以傳統社會自覺把陽間一套秩序放在未知世界內，比如黑白無常、牛頭馬面。這些都不是鬼魂或惡靈，而是「鬼公僕」，即在陰曹地府為閻王爺辦事的勾魂使者，都是「地府公務員」，口述相傳叫做陰差、鬼差，都是「走無常」的，即負責緝拿工作的鬼魂。

　　好貨不私藏，本社特意挑選活陰差暗黑遊，建議諸位還是避開，遠遠避開他們，免遭誤捕、或靈魂有什麼影響。不過，具高血壓或心臟病患者、疑神疑鬼者不宜參與此穿越項目。

I. 陰間工序可外判

　　民間傳聞，在特大災難或死人特多的「旺季」，黑白無常都超時工作到「謝皮」時，就要外判某些陰間工序、或臨時招聘短期合約的陽間活人做事，這樣搵食的人叫「活陰差」、「走陰人」、「夜牌

頭」等。這裡並不是指神打、降童、降神，也和現代一般所指的「陰陽師」不同，「活陰差」的身份更卑賤、更低下。這只是合約制，不是終身制冥府長工。

然後，又請紀曉嵐（1724-1805）出場，《閱微草堂筆記》曾解說了「活陰差」何以出現：由於剛去世的生魂陽氣仍比較旺，地獄使者難以埋身，加上病床有大量家人守候，聚集陽氣，令「鬼卒難近也」，即牛頭馬面也懼其陽氣，另外遇上「真君子」、「強悍之徒」、「兵刑之官」（帶兵將領或掌管刑法的將領）的異常個案，鬼差一般未可即時勾魂。因此冥府往往在陽間招聘某些活人靈魂出竅充當「冥差」，以靠近將死或剛死的人，待生魂將死者魂魄勾出，再轉交予真鬼差將之押到冥府。

II. 活陰差地獄偏門

毫無疑問，「活陰差」肯定難以被正史接受，諸位重口味的穿越朋友，想來個暗黑旅遊，本社已為閣下做行程規劃，最早記載「活陰差」乃在晉代干寶（286-336）所著的古怪小品《搜神記》。

當時在浙江一位姓蔣的老太婆，每當村內有人病重昏迷之時，她就會突然暈倒，及後總是向眾人解說是替閻羅王去勾魂，大家都半信半疑。但到後來，鬼差要她去勾自己家人的魂，她就萬般不肯，更敢跟地府講數而令家人得以延壽，冥府也樂於給予小小人情，從此蔣氏陰界「講數」生意不斷，問亡人、查陽壽、求情「走後門」極多。

可見世人都認定生前死後的世界都是一樣的，而社會也覺得可透過這些非正式渠道跟地府溝通，或者這也是地府執法「隻眼開、隻眼閉」的灰色地帶。

III. 後遺恐怖易惹鬼

若嫌晉代年代太久遠，可以選擇去清代。乾隆年間（1736-1796）蠡峰一地也有活陰差的記錄，《酌泉錄》說了有一個綽號「鄧野狐」的人，常到陰間作差役。通常他在平常幹活時，突然會無緣無故暈倒在地，魂不附體、猶如死人。大家都習慣了不能將他移動，而過兩三個時辰鄧野狐就自然甦醒，返回人間。然而每次完事之後，鄧野狐的肚子總是脹脹的，很有飽肚充實的感覺，後來才知道是受了亡靈人家的齋品供奉。很可怕吧！

當然，活人當「活陰差」都是為了糊口，入職不由人、辭職不由人，既然幹了，絕不可回頭。同時這也不是什麼高尚的職業，靠不倫收入不定時大賺一筆，或勉強在地府找人說項。再者，「走陰」之時的風險特高，靈魂一走隨時一去不返，「工作」過程中又要長點不滅「長明燈」，又要放好拖鞋正反位置等禁忌，一遇仇家尋仇，肉身就「冇得翻轉頭」。

另外，也有「活陰差」因捉錯靈魂而慘被地府用刑的記載，而且「走陰」的人都是「靈魂做嘢」，也算是出賣自己魂魄的其中一種，故此多次行走陰間的陽人令本身陰氣極重，不論白天黑夜都極易見鬼，更易惹上厲鬼惡靈。故為避免在穿越時撞上離奇意外，在非欣賞時，諸位還是不要向走陰人行近。

中國社會科學院的歷史學者黎澍（1912-1988），自稱在青年時受邀在地府做鬼判官（比「活陰差」高級的「法官」），他因為具學歷、有修行，在地府當了 5 年官而可以全身而退。他的《幽冥問答錄》謂「上午八至十一時，鬼畏陽氣熏灼，皆避匿陰暗處」，看來「活陰差」也在某程度上受早上陽氣特盛的影響，長久以後，他們在陽

間自然陰森暗淡、心術不正，久而久之，活人對他們漸行漸遠，一般正直之士亦恥與為伍。再者，黎澍又指地府眾多官吏兵卒，即使自己或「活陰差」為陰曹出過力，也不能逃出地府的生死簿，不能躲開輪迴之道門云云。

正所謂「多走夜路必遇鬼，多行不義必自斃」。出賣靈魂的事，何必呢！參與暗黑旅遊，諸位自行評估非自然因素的風險指數。

旅遊項目風險評估

旅遊項目	風險指數（1—10）	
32. 河南猛鬼游擊戰		7
33. 超人類接觸		6
34. 獸形人追擊隊		7
35. 人魚美麗傳說		3
36. 活陰差暗黑遊		9

附錄

穿越項目時間線

法則 15
前 138
隨西漢東方朔
及方士尋找長
生不老藥

法則 25
248
在三國時的越
南見證趙嫗起
義

法則 32
249
在南朝的河南
撞鬼又避鬼

法則 06
637
在唐初見識長
安繁忙但守禮
的交通情況

法則 34
666
在唐初的洛陽
嘗試追蹤古中
國獸形人

法則 10
771
在唐中葉的長安
城了解流民化為
乞丐的慘況

法則 19
1000
在宋初汴京太
和樓欣賞歌舞
及品嚐美食

法則 09
1004
在宋初汴京的
黑店「探險」

法則 14
1050
在宋中葉的汴
京大街品嚐暗
黑料理

法則 23

295

在西晉時到洛陽皇宮觀察賈南風的傑作

法則 20

353

在東晉參與文化界的蘭亭盛會

法則 04

503

到南朝梁國的都城建康參觀當鋪

法則 33

818

在唐中葉的山西太原一睹「天衣無縫」，超接觸

法則 22

847

在長安城欣賞唐宣宗漫長的戲劇生涯巨作

法則 16

879

在唐末泉州等地見識黃巢大軍製作變態軍糧

法則 13

1127

在北宋末年見證靖康之難

法則 05

1138

在南宋初年進入臨安城租屋

法則 03

1254

跟外國傳教士進入蒙古帝國的舊都和林

法則 21

1268

在南宋的杭州
城上青樓玩耍

法則 07

1288

在元初的上都
享受中外合璧
的美容療程

法則 02

1595

跟明代士李袁宏
道夜遊西湖兼賞
月

法則 01

1640

在明末跟隨徐
霞客最後一次
旅程到達雲南

法則 28

1645

在清初的「揚
州十日」下秀
活生還

法則 08

1646

在清初拜訪近
代開所大王楊
太公

法則 35

1841

道光年間在香
港大嶼山一帶
海域欣賞美人
魚

法則 11

1863

同治年間於四
川大渡河一睹
石達開本人或
其寶藏

法則 24

1864

同治年間目擊
太平天國太子
被凌遲處死

法則 29

1615

查出萬曆年間的「挺擊案」的真相

法則 30

1626

逃離於天啟年間的「王恭廠大爆炸」

法則 26

1630

見證明末袁崇煥將軍被凌遲處死

法則 18

1776

乾隆年間在蘇州城「脫毒」結交女朋友

法則 36

1789

乾隆年間體會一個活人到陰間做事

法則 27

1826

道光年間見證百歲考生到北京會試試場

法則 17

1873

同治年間在菜酒局順聽一個驚天大秘密

法則 31

1887

光緒年間在超級大水火中看到人性光輝

法則 12

1899

光緒年間在武昌觀摩史上最強的把戲

參考資料

1. Lottie Stride, *The Time Travelers' Handbook: A Wild, Wacky, and Wooly Adventure Through History!* New York: Feiwel & Friends, 2009.

2. James Wyllie, Johnny Acton, David Goldblatt, *The Time Travel Handbook.* London: Profile Books, 2015.

3. 費正清：《費正清論中國：中國新史》，台北：正中書局，1994 年。

4. 莫理循：《中國風情》，北京：國際文化出版公司，1998 年。

5. 孔復禮：《叫魂：乾隆盛世的妖術大恐慌》，台北：時英出版社，2000 年。

6. 李德柱、李寅宇：《傳說不等於事實（上）（下）》，台北：驛站文化事業有限公司，2003 年。

7. 李開周：《千年樓市：穿越時空去古代置業》，廣州：花城出版社，2009 年。

8. 李默：《老師沒教的中國史：細數元明繁華》，台北：好讀出版有限公司，2008 年。

9. 黃明樂：《港孩》，香港：明窗出版社有限公司，2009 年。

10. 巫仁恕、狄雅斯：《游道：明清旅遊文化》，台北：三民書局，2010 年。

11. 王怡：《上帝的怒吼：大自然的恐怖力量》，台北：驛站文化事業有限公司，2010 年。

12. 陶短房：《這個天國不太平》，香港：香港中和出版有限公司，2011 年。

13. 侯杰、秦方：《舊中國三教九流：乞丐土匪賭徒篇》，香港：中華書局（香港）有限公司，2013 年。

14. 汪虎山：《你可以不用步步驚心：一起穿越歷史搞懂經濟學潛規則》，台北：上奇資訊股份有限公司，2014 年。

15. 王書奴：《中國娼妓史》，台北：秀威資訊科技股份有限公司，2014 年。

16. 卜正民：《掙扎的帝國：氣候、經濟、社會與探源南海的元明史》，台北：麥田出版股份有限公司，2016 年。

17. 史杰鵬：《活在古代不容易》，台北：漫遊者文化事業股份有限公司，2016 年。

18. 柳馥：《先秦穿越生存手冊》，新北：楓樹林出版事業有限公司，2016 年。

19. 人民日報社：《國家人文歷史》，北京：國家人文歷史雜誌社有限公司，2017、2018、2019 年度多期。

20. 橘玄雅：《清朝穿越指南》，香港：香港中和出版有限公司，2017 年。

21. 楊蔭深：《居住交通》，香港：香港中和出版有限公司，2017 年。

22. 李開周：《千年房市：古人安心成家方案》，台北：貓頭鷹出版社股份有限公司，2017 年。

23. 胡楊：《國家寶藏大解密》，台北：大是文化有限公司，2017 年。

24. 馬驊：《回到宋朝 long stay！》，台北：麥田出版股份有限公司，2018 年。

25. 漫友文化：《學蘇東坡這樣吃、像唐明皇那樣玩》，台北：任性出版有限公司，2018 年。

26. 眠眠：《怪咖人類學：用五大學科冷知識，破解 22 件人類暗黑史》，台北：日出出版，2019 年。

27. 袁燦興：《明朝生活很有事》，台北：海鴿出版社，2019 年。

28. 巫仁恕：《品味奢華：晚明的消費社會與士大夫》，新北：聯經出版事業公司，2019 年。

29. 郭建龍：《汴京之圍：北宋末年的外交、戰爭和人》，成都：天地出版社，2019 年。

30. 徐吉軍：《宋朝大觀：圖說宋朝三百年衣食住行盛世生活》，新北：聯經出版事業公司，2020 年。

策劃編輯　　梁偉基

責任編輯　　許正旺

書籍設計　　a＿kun

書　　名　　玩轉時空旅遊團：穿越古代中國 36 個保命法則

著　　者　　馮浩恩

插　　畫　　廖鴻雁

出　　版　　三聯書店（香港）有限公司

　　　　　　香港北角英皇道 499 號北角工業大廈 20 樓

　　　　　　Joint Publishing (H.K.) Co., Ltd.

　　　　　　20/F., North Point Industrial Building,

　　　　　　499 King's Road, North Point, Hong Kong

香港發行　　香港聯合書刊物流有限公司

　　　　　　香港新界大埔汀麗路 36 號 3 字樓

印　　刷　　美雅印刷製本有限公司

　　　　　　香港九龍觀塘榮業街 6 號 4 樓 A 室

版　　次　　2020 年 7 月香港第一版第一次印刷

規　　格　　大 32 開（140 × 210 mm）200 面

國際書號　　ISBN 978-962-04-4661-0